归属感红利

[美] 亚当·布莱恩特（Adam Bryant）◎著
尘　间　◎译

新世界出版社
NEW WORLD PRESS

北京版权保护中心海外图书版权合同登记号：图字01-2015-7422号

图书在版编目（CIP）数据

归属感红利 /（美）布莱恩特著 ； 尘间译 .
-- 北京：新世界出版社，2015.11
ISBN 978-7-5104-5478-3

Ⅰ. ①归… Ⅱ. ①布… ②尘… Ⅲ. ①企业管理
Ⅳ. ① F270

中国版本图书馆 CIP 数据核字（2015）第 276148 号

归属感红利

作　　者：（美）亚当 · 布莱恩特（Adam Bryant）
译　　者：尘　间
策　　划：中资海派
执行策划：黄　河　桂　林
责任编辑：秦彦杰　张晓翠
特约编辑：张　艳　宋金龙
责任印制：李一鸣　王　雪
出版发行：新世界出版社
社　　址：北京西城区百万庄大街 24 号（100037）
发 行 部：（010）6899 5968　（010）6899 8705（传真）
总 编 室：（010）6899 5424　（010）6832 6679（传真）
http：//www.nwp.cn　http：//www.newworld-press.com
版 权 部：+8610 6899 6306
版权部电子邮箱：nwpcd@sina.com
印　　刷：深圳市鹏发彩印包装有限公司
经　　销：新华书店
开　　本：787mm × 1092mm　1/16
字　　数：228 千
印　　张：19
版　　次：2016 年 2 月第 1 版　2016 年 2 月第 1 次印刷
书　　号：ISBN 978-7-5104-5478-3
定　　价：39.80 元

权威推荐

吉姆·柯林斯　《从优秀到卓越》作者

亚当·布莱恩特为我们贡献了一场有关领导力的盛宴。在这本书中，布莱恩特为这个观点精心组织了一场讨论，即文化并不是在“支持”策略，文化本身就是一种策略。布莱恩特擅于向卓越人士提出深刻的问题，并且能够用清晰明快的行文表达他的观点，这使得他的作品让人读来如沐春风。本书充满智慧，发人深省且令人受益匪浅。

比尔·乔治　哈佛商学院教授、《真北》作者

亚当·布莱恩特在这本书中揭开了企业创造并维系其创新文化的秘诀：领导力。布莱恩特整合了他与许多创新领导者之间的深度访谈，与读者分享了领导者该如何营造一种开放、创新的企业文化，这种企业文化能推动各种类型的企业繁荣发展。

亚当·格兰特　宾夕法尼亚大学沃顿商学院管理学教授

这本书是探讨组织文化的权威作品。亚当·布莱恩特与我们分享了全球最具创新力的企业 CEO 的智慧。他们的观点既启发人心，也非常实用。每位领导者都需要反复研读一下这部作品。

埃里克·莱斯 《精益创业》作者

亚当·布莱恩特觉察到了当今商业领导者所面临的最重要的挑战：成熟的大企业如何保持初创公司的迅捷和机敏，从而实现创新的系统化和规模化。在这本书中，布莱恩特为读者带来了一支全明星的CEO团队，分享了他们带领企业不断向卓越迈进的经验和方法。

南茜·F. 科恩 哈佛商学院工商管理学教授

在如今这个动荡的世界，创新是成功的关键。在这本书中，亚当·布莱恩特从许多卓越的领导者身上总结出了重要的一课：如何创造并维持一种高效的企业文化，这种文化不仅能孕育创新，也能促使组织内的每个人相互尊重、积极参与、高效合作。作者的语言十分生动，观点都来自于各位企业家的经验。所有渴望自己所在的企业健康发展，并且对世界产生影响的领导者们都该读一读这本书。

《赫芬顿邮报》（*The Huffington Post*）

全球经济竞争日益激烈与多变，每个组织都面临着建立创新文化的挑战……布莱恩特带领读者一览世界最具创新力的企业高管们的智慧结晶，分享了激励人心与非常实用的洞见。

《科克斯书评》（*Kirkus Reviews*）

这本书分享了最具人性关怀的商业领导者的大量实用建议。

《华盛顿邮报》（*The Washington Post*）

亚当·布莱恩特在《纽约时报》的专栏《角落办公室》上，每周都会采访一些世界知名企业的CEO，了解他们关于员工管理和企业领导的洞见。《角落办公室》汇集了企业高管们有关创新企业文化的智慧，而由专栏梳理成册的这本书，则是高管智慧的结晶。大多数领导力书籍讲的是管理咨询师的知识或陈旧的故事，而这本书分享的是当下企业管理者的观点。

《出版商周刊》（*Publishers Weekly*）

《青少年时尚》主编、美国捷蓝航空公司 CEO、明星主厨……这些卓越的领导者都在这本书中分享了他们有关领导、管理和创新的心得……这些名人为这本书增色不少……布莱恩特逐一分析了成功企业文化的重要元素，也讲述了建立在这种企业文化基础上的领导策略。

《培训与发展杂志》（*T+D Magazine*）

这本书与我们分享了世界知名企业高管创造其创新企业文化的方法。书中有大量实用的案例，教授我们如何培养批判性思维和容许适度的混乱。作者通过细致的研究证明，只有把企业文化作为企业发展的战略重点，企业才有成功的可能。

一本写给创客的“说明书”

中商国际管理研究院院长

杨思卓

互联网+时代，催生了越来越多“不安分”的新人类，他们被称作“创客”(Maker)。创客最大优势在于用创新取代旧有。然而在瞬息万变的商潮里，创新转眼就被刷新。如何保持竞争优势？有人给出答案：快速更新技术，永远领先对手。这话听起来有些道理，但却是一个伪命题，因为技术是最容易被取代的，用最容易被取代的东西维持优势，并不靠谱。那么，有什么比技术更靠谱？通过近 15 年对领军企业的研究，我发现一个真相：创新的密码不是技术的快，而是文化的新。在这本书中，我找到了知音。

本书作者亚当·布莱恩特是个特别善于总结的高手。他在对 200 多家企业领导访谈交流后，悟出了这样的道理：技术是创新的结果，文化才是创新的土壤。不仅如此，他总结了许多文化创新的技巧，对于那些初入市场的创客来说，相当实用。

不惩罚失败的文化。通常相当一部分的企业在文化中也允许犯错、包容错误，问题是，允许失败吗？在书中，普罗透斯数字医疗公司的CEO安德鲁·汤普森提出建议："要成为创新型企业，非常重要的一点是不要惩罚失败。"尤其对于创新型的初创企业，交点学费从失败中汲取教训，是很有必要的。很多时候，我们光研究成功却未必能成功，但不研究失败就一定失败。

在不惩罚失败之上，还有没有一点创新？有！非营利组织First Book CEO凯尔·齐默的做法就很有借鉴意义，用颁奖的方式奖励失败的员工，以激励他们大胆去尝试。颁发的奖名也很有意思，叫"撞南墙奖"。中国有句民谚叫做"不撞南墙不回头"，其实，人是需要一点"撞南墙"精神的，撞上南墙之后就知道该如何去做了。一个创意实现不了不算失败，只有停止了对创新的尝试才是失败。因此，我们在鼓励创新的同时要奖励失败。

创意"众包"的文化。事实上，众包不算新产物，早在60年代就已经出现。众包缘起于互联网，最早实施众包的"创新中心"，如今成为了研发供求重要的网络平台。众包作为一种创新的方法，说白了，就是主意大家出，借众人之智为己所用。作者在对多家公司的领导访谈中发现，他们很早就引进众包的理念，集思广益。其中，红帽公司甚至在Facebook诞生之前，就在公司内部建立起社交网络，并把它作为员工传递创造性想法的媒介，将公司打造成一个完整的生态系统，以此来保持企业的创新性。我们必须承认，三个臭皮匠赛过诸葛亮，更何况，你和你的员工都是抱着梦想的人，只要你给他一片舞台，让他来表演，这就会成为出奇迹的地方。

"小型特战队"文化。在市场上，创新型企业就好比一条反应灵敏的小鱼，相比之下，传统的大企业则像一条大鲸鱼。传统企业由于架构笨重、流程繁琐且带有官僚气息，往往会扼杀具有创新精神的员工。

如何突破？有些领导特别民主，什么事都召集大家一起讨论，鼓励大家提出自己的见解，结果决策的时候就容易受冗余的信息干扰，导致判断失误。这个时候，不妨为项目“自立门户”，成立小型特战队，授予独立自治权，让有创业精神的员工进行内部创业。事实上，内部创业也已经成为当今时代流行的创新方法。

任何技术都会迭代，唯有创新精神不败。本书浅显又深刻地诠释了这个道理。不管是初次试水的新创客还是二次创业的企业家，抽出一两天读一读这本“创新说明书”，可以少走N多年的弯路。

前　言

如何永葆公司初创期的高效与激情?

我们立志成为业内最大的“小公司”。

——安移通网络科技公司 CEO

多米尼克·奥尔

听说安移通网络科技公司（Aruba Networks）CEO 多米尼克·奥尔（Dominic Orr）那句话之前，我通过为《纽约时报》（*New York Times*）撰写专栏《角落办公室》，有机会采访了两百多位企业领导者，所以我相信他说出了诸多 CEO 和总裁的共同心声。

奥尔的愿景引发了我的思考：不断壮大的企业如何永葆初创期的高效与激情?

我的迷思同时也是谷歌公司的创始人拉里·佩奇（Larry Page）的困扰。2011 年 1 月，拉里·佩奇接替埃里克·施密特出任 CEO 时表示，谷歌必须快速行动起来，重拾初创期的敏捷与灵活，否则将成为一个泥足巨人。

佩奇的原话是：“我的主要目标之一，就是使谷歌成为一家始终保持初创期的敏捷、高效、激情和灵魂的大公司。”

最健康的心态：时刻保持危机意识

论及企业文化，我们总会听到一些陈词滥调、“自明之理”或泛泛之言，但机械的探讨于企业文化建设毫无用处，因为每个组织的文化都独一无二，其他公司的经验很可能不适合自己。带着这番自我告诫，我开始着手从众多公司的企业文化建设经验中提炼共同点，探寻更具普适性的实用技巧和洞见，以期打造美国最大的零售企业老海军（Old Navy）的总裁珍妮·明（Jenny Ming）所描绘的那种企业文化。

“我是老海军的第一批员工，所以在我眼里它一直是一家初创企业。”珍妮·明说。如今她已是美国最炙手可热的青年服装品牌Charlotte Russe 的 CEO。“但后来，大概是销售额达到 30 亿美元的时候，有人对我说，我们已不是初创企业了。我当时回答他说，我们必须始终保持初创企业的心态，它才是最健康的心态。时刻保持危机意识非常必要，永不满足、居安思危才能让‘我可以’的信念始终鲜活。”

不妨浏览一下本书结尾处的访谈名录，你会发现那些 CEO、总裁大多来自科技领域，这不是偶然。成功的科技企业往往发展迅猛，员工数量的扩充和组织架构的调整要求公司管理层能够敏锐觉察并快速应对各种出其不意的挑战。

科技企业的 CEO 在企业文化建设中也能保持产品开发举一反三的创新思维。比如，软件企业印象笔记（Evernote）CEO 菲尔·利宾（Phil Libin）曾向妻子征询改善员工生活的措施，他的妻子建议向每位员工免费提供每月两次的家庭保洁服务。利宾采纳了妻子的建议，另外还宣布废除公司原有的休假制度，每年向每位员工提供 1 000 美元的休假补贴以确保他们安心度假。

科技企业的管理者精研企业文化十分必要，因为人才争夺是一场持久战，吸引新员工、留住老员工是他们的天职。毕竟，优秀的软件工程师每天都会收到猎头公司的邮件，更高的薪水、更响亮的头衔、更优越的工作环境几乎唾手可得。所以公司CEO必须将自己的企业打造成员工愿意长期守护的乐土。传统“命令—控制”式的管理方法日渐式微，各行各业的公司势必跟随科技企业的脚步，努力点燃员工内心深处的工作激情。

最有效的方法：建立快乐的企业文化

微软公司前高管、家具公司赛琳娜和莉莉公司（Serena & Lily）的联合创始人莉莉·坎特（Lily Kanter）认为：“当今的企业环境已进入以人为本的时代，我们必须接受这个现实。了解并满足员工物质上和精神上的双重需求是取得商业成功的前提。如果员工只是拖着躯壳来上班，整日机械地重复单调的工作，而企业又不能提供对他们的生活有真正意义的东西，你的企业就不会有快乐的文化。”

通过与大量企业领袖对话，我发现很多人都声称自己的企业里没有政治。现实当然并非如此，因为任何公司、组织、团队都有政治。更现实、更正确的做法是承认办公室政治的存在，再想办法处理它。我所指的处理不是消灭，而是像对待胆固醇一样，鼓励有益的，拒绝有害的。那么具体如何鼓励与防范呢？

本书每一章都将以一个重大的企业文化驱动因素为核心，以受访高管的真知灼见为基础，向读者阐述如何避开企业文化建设中的常见陷阱，将企业文化转化为市场竞争优势。为系统起见，我将本书分成两部分：第1～7章对有益的企业文化的基本构成要素进行分析；第8～16章着眼于探索在优秀企业文化之下，如何培养员工的创新能力。

许多读者告诉我，他们十分认同我写第一本书《高管之路：成功、管理、领导力》（*the Corner Office:Indispensable and Unexpected*

Lessons from CEOs on How to Lead and Succeed）时所用的方法，所以写作本书时我沿用了同样的策略。每一章的组织行文中，我会像宴会主持人一样先引入主题，然后用几个开放式的观点引出高管们的经验和洞见。

在这些受访高管中，有些人没有实现当初创业的目的；有些人正想改变现状；有些人的业绩未能满足董事会的期望，其中一部分商业领袖甚至因此离职，但我认为他们的洞见并不会因此贬值。人无完人，CEO 也一样，他们也有优势和短板，职业生涯也会经历巅峰和低谷，但他们对企业文化的审视源自其长期实践的经验，这种经验超越了股价图，超越了资产负债表和职业发展轨迹。在与日俱增的创新压力下，他们的真知灼见弥足珍贵。

在阅读过程中，读者也许会认为其中有些观点深刻动人，有些则不能引起共鸣。这一切都在意料之中，因为每位读者体验过的企业文化各不相同，与读者的经历或见解相符的观点自然更能引起共鸣，正如领导艺术一样，从自己的角度去感知才更真实。书中这 139 位商业领袖的从业经验加起来长达数百年，相信其经验和智慧的结晶将帮助任何类型的企业变得更加高效、机敏，在激烈的市场竞争中脱颖而出。

QUICK and NIMBLE

目 录

第13章 摧毁内部小团体 167

为什么大太空船公司CEO麦克·莱伯维茨坚持拆除原本美观大方的一体式工作台，转而把办公卡位弄得七零八落，让不同部门的员工“混为一团”？

第14章 让创新跟上发明的脚步 181

相较于乘坐飞机，联合娱乐集团更加鼓励员工乘坐大巴出行，除了节省开支，其更深层的用意是什么？
当研发部门埋头发明、不顾市场时，领导者怎样既不打击其热情又助其将工作方向转向创新？

QUICK and NIMBLE

本书整理辑录了我与139位CEO等公司高管的访谈，涉及机构包括大型跨国集团、初创企业以及非营利组织。除特别标注外，受访者的职位均为访谈时的职位。访谈始于2009年3月，止于2013年5月。

第 1 章

企业文化很缥缈，但作用很明显

技术出身的谢家华，与大学室友用了两年时间创造了一家价值 2.65 亿美元的公司，并在公司迅速壮大之时，将其果断卖出，原因竟是“我开始不想起床上班”。而最终，这位“任性总裁”却创建了年销量达10亿美元的电商网站——美捷步。他为什么每次创业都能成功？

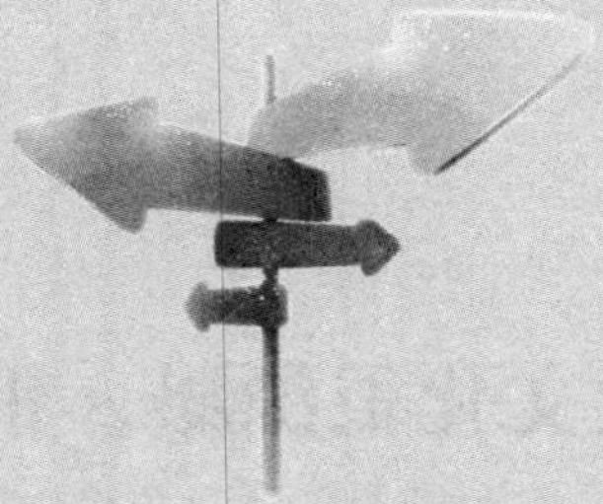

文化把战略当早餐。

佚　名

"文化把战略当早餐。"这句在硅谷广为流传的箴言出自何人之口已难考证，但其意义之精妙不容置疑：战略是企业成功的必要条件，而企业文化则决定着成功能否延续。萨克斯百货公司（Saks Department Stores）CEO 斯蒂芬·I. 萨多夫（Stephen I. Sadove）完全赞同这一观点，他表示自己的管理方式与华尔街分析师的思路正好相反。

"我经营公司的方式十分简单，一切都在于高层领导者。"萨多夫表示，"领导者决定着企业文化的构建，而企业文化能够驱动创新以及你想要驱动的所有事物，最终的输出就是你的管理结果。和华尔街的分析师交流之后我发现他们只在乎你的管理结果、战略、问题以及促进利润增长的方法。他们只关注利润，所以你不要指望他们会问及企业文化、领导者和组织成员等。然而，事实上是组织成员、领导者以及种种管理理念从根本上决定着财报数据和企业发展结果。"

江慕忠在成为瑞士诺华集团（Novartis）的 CEO 之前就与萨多夫认识到了同样的问题："当时我被派去挽救那个连续 4 年业绩不佳的分公司。最开始，我对问题做出了完全错误的判断。我很疑惑为什么无论怎样努力都无法完成月度目标。于是我们聘请一家咨询公司来分析症结，结果显示我们的销售和运营规划流程有问题，因为在测试未来 18 个月的业务进展中，销售团队、营销团队和运营团队之间配合不力。我决定立马解决这个问题，我们让咨询团队正式进驻公司，进一步分析研究，帮我们建立一套更有效、更顺畅的流程。

“事实证明所有的分析都无济于事。执行新流程之后，我们依然没能完成预期目标。我知道一定另有蹊跷，转而向一位行为心理学家求助。可能是我的猜测有误，但我仍然认为这家公司一定是在根基上出了问题，于是请她来帮我诊断诊断。她的团队在 4 周之后答复我说，一切无关技能和流程，是公司的基本行为问题。员工一点儿也不诚恳，他们嘴上认可了本月的销量目标，心里却不相信能实现，也就是说他们一开始就对工作失去了信心。

“她教会了我一个显而易见的道理：行为造就结果。我们必须调整公司氛围，引导员工改变行为，让他们知道报告坏消息并没有那么可怕。在自我反省中我意识到，自己或许是始作俑者之一，我对坏消息的错误反应引发了下属的错误行为。因此，我必须首先改变自己，我尝试在与员工交流的过程中表现得更友善，我开始说：‘感谢你们带给我那些消息，没关系，今年我们还有 9 个月的时间来追赶目标。剩下的时间里，让我们一起努力找到完成预期目标的方法。’这和我之前的做法完全不同。我开始反省自己以及团队的表现，反省我们到底是抓住了问题的本质还是只被表象所迷惑。”

如何引导员工完成“不可能完成的任务”？

企业文化非常重要。卓越的企业文化就像一间温室，团队和创意可以自由生长，组织中的任何人，不论职位高低、角色轻重都被鼓励开诚布公地表达观点，他们会积极主动地寻找产品创新、流程完善与客户服务的新方法和新思路，作为回报，公司也会对其不吝褒奖。

与之相反，文化贫瘠的企业往往缺乏共同的价值观和能凝聚人心的原则，员工的团队意识和集体荣誉感薄弱，进而过分保护和追求个人利益。全球最大的 B2C 网络鞋店美捷步（Zappos）的 CEO 谢家华（Tony Hsieh）的创业经历告诉我们，任由企业文化自行发展可谓危害重重。

谢家华在访谈中说："1996 年大学毕业之后，我和一位室友创立了一家叫 LinkExchange 的公司。两年之后，公司发展到 100 人的规模，我们将其卖给了微软。在外界看来，我们的公司相当成功，价值 2.65 亿美元，这其实是一种误解，因为他们根本不知道并购背后的情况。

"实际上，在并购之前我们公司的文化已经彻底变坏。公司成立之初，我们只有 5 ~ 10 个人，是典型的互联网公司，我们一个个兴奋极了，没日没夜地工作，困了就睡桌子底下，完全不管是工作日还是周末。但我们也只懂技术和工作，对企业文化毫不关心。

"等公司发展到 100 多人时，尽管我的同事还是技术纯熟、工作高效的专业人士，但我开始不想起床上班，当初那种激情再也找不回来了。那种感觉很奇怪，LinkExchange 是我创办的公司，如果连我都不能从它那里得到快乐，其他人又会如何？这就是我们出售公司的真正原因。

"我当时的逻辑是，在财务自由的前提下，不想工作就不必工作。我不愿成为我不想去上班的那个公司的一分子。因此，担任美捷步 CEO 之后大约 1 年，我意识到自己很可能重蹈覆辙，这是我不能接受的。所以我们将企业文化建设作为公司的头等大事，我们相信只要企业文化对了，大多数员工就会自行维护它、珍惜它。”

“企业文化至关重要。”这是美国在线公司（American Online）联合创始人、风投公司 Revolution 的 CEO 史蒂夫·凯斯（Steve Case）从美国在线公司与时代华纳公司（Time Warner）合并失败中吸取的教训。

史蒂夫·凯斯说：“美国在线与时代华纳都是一流的公司，将它们整合在一起绝对是个好主意，既能助推时代华纳快速进入数字时代的新市场，也有利于美国在线与宽带世界接轨。可惜事与愿违，期待的美好未来终因执行不力而破产。我认为弥漫在两家公司员工中的傲慢、自私甚至怨恨情绪是本次失败的主要原因。

“的确，也许某些具体战术有待商榷，但合并失败主要还应归咎于人员、关系处理不当以及彼此信任的缺失。我见过有些公司把类似问题处理得相当完美，它们成功的关键就在于专注企业文化建设。企业文化确实能推动企业发展，激发员工活力，让他们去完成原本不可能完成的任务。

“从这次失败中我学习到的最重要的一点就是，员工至关重要。因此你必须完全了解现状、掌控整个执行过程，再合理调配所有人员根据任务的轻重缓急协同作战。一旦开了个好头，好事就会接二连三地到来。如果一开始就运行不畅，结果也就可想而知。”

大多数人在开始全新的工作时都会积极乐观、激情澎湃，最大化地利用新机会的愿望也最为迫切。他们希望更多地了解同事，尽快融入团队；他们会表现踊跃，想方设法协助上司和同事；他们希望贡献更大的力量、得到更多的赞许，以证明聘用自己是公司的明智之举。对公司管理者而言，最主要的挑战和任务就是创造能够维系员工的澎湃激情的企业文化，“扼杀”员工消极怠工、另谋高就的念想。

搭建“创意温室”，让“最佳自我”盛放

动物星球频道（Animal Planet and Science Cable Networks）总裁马乔里·卡普兰（Marjorie Kaplan）将员工面对新岗位时的斗志和冲劲称为“最佳自我”(Best Self)。在谈到保持这种状态的必要性时，卡普兰说：“我希望员工早晨上班时首先想到的是‘今天又是一个展现最佳状态的机会’，然后产生一种要展现最佳状态的紧迫感。工作中我也常常提到这一点，比如给驻外团队发送信息，内容大致是‘我们要像职场新人一样精力充沛，像一无所有般毫不畏惧’。这种沟通是我每天的重点工作。

“我认为管理的目标之一就是聚拢人心。我鼓励员工表达自己的观点，这样才能展现他们的最佳状态。我希望他们每一天的工作、每一次沟通、每一项行为都能展现出‘最佳自我’，公司方面也会做出相应回报，我们会加大对员工的投资。也就是说，投资是相互的。”

美国女子篮球职业联赛（WNBA）总裁劳雷尔·J. 里奇（Laurel J. Richie）同样赞成在领导力方面采用“最佳自我”策略。

“我希望员工每天都带着这种想法来上班——公司是展示‘最佳自我’的地方。我相信如果他们能那样想，就会真的那样做。我不主张用恐吓、胁迫、考验或者乘人之危的手段来让员工努力工作，我希望他们发自内心地愿意展示自己的才能。

“我不喜欢猜来算去的无聊游戏。人生苦短，要做的事情太多了，我们不该浪费时间。在我的所有工作中，营造一个能让员工发挥自我最佳状态的环境是重中之重。我相信完成这项工作之后，其他事都将水到渠成。”

然而，很多员工所处的却是与劳雷尔·J. 里奇的描述截然不同的

职场环境。装腔作势、争权夺利、懈怠松散让员工还未开始工作，就已限制自己释放“最佳自我”，遑论保持最初的热情。

你或许对这种现象非常熟悉：上司大手一挥否定了一个深思熟虑、颇具创意的想法；下属积极提出应对全新挑战的各种有效建议，但他们的电子邮件却被轻而视之丢进垃圾箱；原本承诺进一步跟进重大问题的领导一再食言……或许有些人能够容忍这些恶习劣行，但有些人不能。在大会前后开小会只能让与会者对公开讨论和私下密谋都充满猜忌与疑惑。

浑浊的职场环境还会引发以下问题：没人勇于把业绩不佳者剔除，结果能力出色者不得不与其共事，最终整个团队或者公司的业绩都受到影响；又或者管理者只在一年一度的年终总结上才想起来对员工的工作进行评估、反馈，并期待员工能够前事不忘，而实际上早就错过了改进工作的最佳时机。如果公司的整体战略和目标不够明晰，员工也会把“能见度”更高的个人利益摆在首位。

各自窝在自己的小卡位或办公室里，缺乏面对面沟通，依靠大量电子邮件来传达信息，也是非理想工作环境的特征之一。在开会时，员工会更关注自己的手机或者平板电脑，却忽略了身边的同事。在过去他们凡事尽心尽力、踊跃思考，如今却只会木然地耸耸肩膀。他们开始琢磨，或许是时候换个环境了，因此他们开始迟到、早退，工作时心不在焉，得过且过。

遇到上述状况，即便是管理者想要实现突破，也会感到力不从心，渐渐地他们开始为企业文化中的种种缺陷寻找“合理”的借口：“员工不知上进，工作起来总是需要某些特殊动机。这些人本性难移，我付出再多努力他们也不为所动。”

管理者把问题归结为员工生性贪婪，认为他们消极怠工是因为晋升的愿望没有得到满足，但是同时，管理者又不愿意在员工表现不佳时直接指出问题，寻找解决办法。他们开始寄希望于寻找委婉而高效的方法来重振士气，但事与愿违，企业发展与远期目标渐行渐远。

为什么维持初创时的激情如此之难？

正是管理者在调动员工积极性上的力不从心，令“保持初创企业式的文化”显得尤为重要且势在必行。诚然，谢家华在早期创建LinkExchange的经历的确很好地提醒了人们，初创企业的文化一样存在瑕疵，但即便如此，初创企业依然更大程度地符合我们对完美企业的要求：整个团队目标一致、齐心协力，部门之间没有隔阂，每位员工都眼明手快、能够身兼数职，办公室政治和官僚作风微不可察，交流信息时员工个个真诚坦率、思维开放，集体目标被放在个人利益之上。在初创企业中，面对新的可能与机遇，员工会激情澎湃、努力付出，更重要的是，所有付出都是自动自发的。

为什么维持企业初创时的激情如此之难？原因并不复杂：日益扩大的企业规模消耗了员工的斗志。员工数量的增加，在客观上会对组织的办事流程和结构提出更高要求，而随着工作逐渐稳定、保障更加到位，员工就会渐渐不思进取。在成熟的大公司，员工职能变得既专又窄，只关注分内之事也可以获得不错的报酬，所以新技能的学习就显得可有可无，于是大家选择窝进办公室，走廊上的闲谈逐渐销声匿迹。在员工回避风险、故步自封的同时，创新精神也被扼杀了。

当企业迅速发展至更需要创新精神的阶段，市场竞争将更加惨烈。想要在这场战役中胜出，任命首席创新官或多做几次头脑风暴都无济于事，唯有所有员工在每一天的工作中都展现出“最佳自我”，都能自由地提出新的见解，竭力推动团队合作，企业才可能更上一层楼。实际上，让员工毫无保留地为公司奉献有一个重要前提，那就是让他们知道，他们能获得与能力、结果相当的鼓励和回报。

创新往往知易行难。从根本上讲，创新来自高效的企业文化。

“假如你真想造就一家能长久延续并且稳定发展的企业，企业文化就是你必须解决的头等大事。”私募股权公司 RLJ 的创始人兼总裁罗伯特·L. 约翰逊（Robert L.Johnson）表示，“企业必须让员工了解其内部文化的运转方式。当员工对此加以消化和吸收之后，企业文化就会变成员工的第二天性，他们会知道哪些是公司的禁忌，哪些举动会得到鼓励。据我所知，那些真正伟大的企业都在这样操作。**企业文化堪比宗教，人们先是相信它，继而信仰它**。某些时候，一些稍显另类甚至异端的文化也值得被推崇，只要它们不越过底线。

“正是因为员工熟知企业文化的内涵，那些伟大的企业才能如此轻松地不断推出新产品和新技术。一旦企业文化出现问题，就很难推动创新，因为大家在沟通过程中人为设置了许多障碍。新的意见和建议无法跨越层层阻碍，那个古老的零和游戏开始发挥作用，有人会想：‘哼，如果按你们这群家伙的思路去营销，我的分销链就要失去优势，那我在公司的地位和权益如何保障？更何况，我压根连你这人都讨厌。’于是创新搁浅，项目中止，公司陷入僵局。

“说到底，公司由人组成。假如企业文化允许大量的相互交流以及自由的意见表达，且这些交流与表达不被任何人视为威胁，那么这家公司必将更具创新精神。”

第2章

使命＋计划＋沟通＝高效能工作

“如果你想造一艘船，先不要急着雇人收集木料，也不要分配任务，而是去激发他们对浩瀚大海的渴望。”但问题是，每位员工心中的渴望都不一样，能吸引全员为之奋斗的企业使命需具备怎样的特点？聪明的管理者是怎样“引诱”员工高效能工作的？

我对避繁就简不屑一顾，
但愿意为化繁为简
倾注毕生心血。

美国著名法学家
奥利弗·温德尔·霍姆斯

捷蓝航空公司（JetBlue Airways）CEO 戴维 · 巴格（David Barger）非常喜欢引用奥利弗 · 温德尔 · 霍姆斯这句向“简为贵”致意的优雅文字，它点明了领导者最重要的职责之一：将公司的诸多优先事项和战略浓缩成一个简洁的计划，以便员工能充分消化并付诸行动。巴格和他的董事会运用的正是这种方法。

巴格回忆道：“数年前，我们召开董事会讨论公司最佳运作方法和战略，最终列出了 23 个目标，4 种实施方案。在第二年中，我们把 23 个目标缩减至 14 个，第三年又缩减至 10 个，紧接着我们将其明确为两个：文化和给予。围绕文化我们会做出更具体的说明，比如管理层要与执行团队保持直接的关系，或者加强人才培养等。这些具体的说明在过去被当成孤立的目标，现在则成了文化和给予这两个目标的内涵与外延。向员工传递公司目标也变得更容易，表达更准确，并且还能视需要做进一步细化。

“化繁为简的工作方法十分管用，因为这便于让员工明白你想让他们做什么，工作目标也变得更明确。管理者必须具备把复杂的事情简单化的能力。说到底，如果 13 000 名一线员工都不理解你想要做什么，那赢得消费者的事就算了吧，因为你没有一丝成功的可能。”

浓缩战略和优先事项的排序并无固定程式。每家公司都独一无二，因此管理者制定的目标和战略会各不相同，这样才能有效引导团队中的每一个人带着以实现目标为己任的责任感，朝着同一个方向进发。和生活中的其他事情一样，化繁为简并不容易。而且，虽然简洁有力的计划能够带来巨大的回报，但如果策划不慎，将员工的精力引向一个无法促进企业发展的方向的话，后果将不堪设想。正如彼得·德鲁克所言，“可量化的才可控”。

企业使命是挖人的最重磅筹码

一则恰如其分的使命宣言能带来许多好处，然而事实是众多企业的使命被描述得牵强又啰唆。倘若表达得当，使命宣言能让每一位员工感到自己是这家伟大企业的一员，公司的远大目标能够激发他们去完成那些看似遥不可及的任务。法国作家、飞行员安托万·德·圣艾克絮佩里（Antoine de Saint-Exupery）的一段话充分体现了使命作为一种领导力的价值：“如果你想造一艘船，先不要急着雇人收集木料，也不要分配任务，而是去激发他们对浩瀚大海的渴望。”

商业社交网络服务商 Yammer 的创始人兼总裁、CEO 大卫·萨克斯（David Sacks）认为，对以工程技术人才为核心的科技企业来说，企业的使命宣言直接影响着高科技人才是否接受你抛出的橄榄枝。

萨克斯指出：“如今在硅谷，企业使命是挖人的最重磅筹码，它比优渥的薪酬待遇更具吸引力。只有你的企业使命得到高科技人才的认同，他们才会选择你。对我来说，出色的使命必须浓缩成一句简短的话。Yammer 的企业使命就是变革工作方式，将社交网络引入工作场所。我们的员工基本都能够接受这项使命，所以他们愿意积极思考如何将社交网络在个人生活中的影响扩展到工作场所。我认为每一家优秀的公司都应该有一份使命宣言。”

有效的使命宣言能带来各种好处，但产生“让员工每天都专注于工作”这样明确的结果，还为时尚早。我们更应该制订一份人人都能理解的简洁有力的计划，让员工感受到自己的工作与公司的目标之间建立了强有力的联结。

特蕾西·斯特雷肯巴赫（Tracy Streckenbach）曾是安永会计师事务所（Ernst & Young）的咨询顾问，现为山景咨询（Hillview Consulting）CEO，她的工作是帮助企业制订和实施转型计划。和那些交完一份报告便转战下一场的咨询顾问不同，特蕾西常常会像客户公司的高管一样深入参与其中，为计划落地保驾护航。在特蕾西看来，简洁有力的计划远比强势的使命宣言重要。

“让员工理解公司的定位比了解企业使命更重要。”特蕾西说，“在我看来，企业使命或许学术味过浓，不利于公司实现快速转变并达成目标。每进入一家公司，我都会先咨询 10 位高管，了解他们各自理解的公司的独到之处。我得到的答案往往五花八门，甚至互相矛盾。所以我的下一项工作就是统一所有员工的认识。明确公司的定位可以让员工的表现更出色，让他们贡献力量的同时收获成就感。”

“我希望创建一个能够留住员工的工作环境。” 特蕾西继续说道，“我经历过互联网的空前狂热时期，那时人才十分紧缺。当时，一提到企业文化，大家就会联想到乒乓球桌和舞会。如今企业文化的塑造重点变成了对员工进行投资，让他们在乎自己所从事的工作，感受到自己参与工作的价值。要做到这一点，唯一的途径就是制定一个定义清晰、可量化的目标，然后确保每一位员工、每一个部门都接受它，并坚信通过他们的努力能够最终实现这个目标。

“这听起来或许很容易，其实不然。我曾经花了大概 6 个月的时间才帮助一家公司最终确立目标和量化评估手段。另外，如果订立了错误的目标，就相当于你在鼓励错误的行为。可是一旦目标正确，你就会看到员工的显著变化，他们会为了圆满完成任务而尽心尽力，而不是仅仅简单地投入时间。”

一项简洁有力的计划需设定几个目标？

一项简洁有力的计划最好设定几个可量化的目标？对此并无直接和硬性的规定，但把目标数量控制在三个或三个以内时，员工会很容易记住这些目标。去超市购物的人会有类似的感受，假如要买的东西超过 3 件，大概就需要列张清单或自创一些辅助记忆的符号，以防漏买一些东西。

国际商业和保险公司FM Global的CEO 施温 · S. 苏布马尼(Shivan S. Subramaniam)，创立了一种只含三个量化因素的简单运营模式。1999 年，FM Global 公司进行过一次兼并重组，新的领导团队认为必须尽快统一所有员工的认识。苏布马尼称：“我得到的一个巨大教训就是必须确保公司上下目标一致。**事实上员工做什么、怎么做都还不太重要，关键是他们是否认同公司的目标**。多年以来，通过坚持统一员工的认识，FM Global 的目标变得十分简单，我们称之为‘关键结果领域’(Key Result Areas，简称 KRA)。我们有三个 KRA，一是盈利，二是维护老客户，三是吸引新客户。就这么简单。

“远在旧金山、悉尼或者新加坡的员工都清楚这三个 KRA。我们所有的激励计划，皆围绕 KRA 设计。每个 KRA 都所指明确，不仅知道如何操作，更重要的是他们理解所有的 KRA，上至高级经理人下至文件管理员都明白如何在自己的工作岗位上以自己的方式去实现 KRA。

“我们有部分员工来自被兼并的企业，而渐渐地他们也成为 FM Global 的一员。我们创建的交流系统让他们在 FM Global 得到了当初在被兼并企业时的待遇。”

江慕忠描述了自己在担任诺华集团 CEO 时发挥领导力的情形：“在斯坦福大学时，我是一名游泳运动员，大四那年还担任队长。成为队长后，我面对的第一件事便是统率所有怀着不同打算和目标的队员，我们必须让所有人团结起来奔向同一个目标——成为全国大学体育协会（NCAA）前五强。我大一那年，斯坦福大学游泳队在全美排第二十名。到大四时，我们跃至全美第三。

“初任诺华集团 CEO 时，我就说过我们 12 万员工是一支庞大的队伍，而我的首要工作便是让员工明白我要把公司带往何处。这一点必须完全明确，而且必须让组织中的每一位员工都充分理解，我们必须有清晰的路线，好让所有员工都明白自己的行为将如何推动我们的共同目标。

“纵观我的职业生涯，无论股东对我的业绩的评价是好是坏，他们都会提到一个共同点——我有化繁为简的能力。我个人认为，假如对未来毫无概念，你就无法真正理解目标，并全力追逐它。公司的业务相当庞杂，但管理者必须从复杂艰深的战略中提炼出精髓，让它更易于理解和接受，比如我们如何才能成功，我们的真正目标是什么。如此一来，那些在生产一线制造药品的同仁才能在头脑中形成清楚的概念，才能和管理层一样准确把握我们的 3 个优先事项。

“诺华集团有个高于一切的主题——我们将依托科技创新取胜，

围绕这个主题我们设置了三个优先事项：第一，强化我们在科技领域的领先优势，考核标准为新聚合药物的内部批准数量；第二，加速发展，即把创新优势转化为销量和利润，此项考核以各部门销售额中近三年的新品贡献率为准；第三，提高生产率，这要求公司在统筹支出上更加明智。每个季度的工作我们都围绕这三点展开。”

“逼问”员工：“你有归属感吗？”

确定目标之后，很多公司会号召全体人员制订并分享实现目标的个人计划。在 Yammer 公司，大卫·萨克斯创立了 MORPH 系统。

“MORPH 是使命（Mission）、目标（Objectives）、结果（Results）、人员（People）以及怎样做（How）的缩写。使命相当于对如下问题的一句话回答——‘你的工作使命是什么？’‘对我们公司你有归属感吗？’这两个问题的确会引发员工思考。目标是指本季度你想要完成的所有任务当中的前三项，至多五项。结果是你用以量化目标的标准。人员是指：‘为达成目标，我们的团队该进行怎样的变革？是否需要招人？是否需要组建新团队？’然后等到季度末，我们只需问一个问题：‘你是怎样做的？’

“我是全公司最先使用 MORPH 系统的人，我将 MORPH 的理念融入了管理报告。中层管理者在接收到我的讯息之后会继续往下传递，最终在整个组织中全面贯彻实施。贯彻 MORPH 的过程也是调整所有员工的步调的过程。如果步调不一致，目标必定无法达成。另外，Morph 这个单词的意思是‘改变’，我希望这个词能让员工明白我们的管理并不设限，我们会持续改进，永远不满足于现状。

“我们不断地调整目标，并随之调整评价标准。因此到了季度末，原先的 MORPH 可能会改变，而新的 MORPH 也不可能不经论证就迅速上马，所以很多时候我们执行的 MORPH 只是当下的一种延续。但我认为，这种反思式的延续非常必要。每季度结束时，我们都会反思一下努力的方向是否与使命和目标相符。总结起来，应用 MORPH 的目的就是保持目标统一、分工明确。”

创新咨询公司华氏 212 公司的 CEO 杰奥夫 · 武莱塔（Geoff Vuleta）喜欢以 100 天作为一个工作评价周期，之所以这么做是基于他对人性的深刻体察。

武莱塔表示：“能打造超越理性的忠诚度，让员工相信一切皆有可能是一位优秀领导者的必要特质。**我始终相信每个人都希望被领导，这是团队存在的基础**。跟随者想要知道两件事：一是自己应该做什么，二是自己的付出很重要。因此，领导者必须有能力营造一个充满信任和忠诚的环境。

“所以，保持全体人员行为一致成了带团队最重要的事情。每隔 100 天，我们整个团队就会聚集一次，汇报这 100 天的任务完成情况，拟订接下来 100 天的工作计划，随后我们先分开各自思考，然后再带着达成目标的决心和计划回来，包括总裁在内的所有人会一起讨论研究每个人的计划。作为领导者，我们的工作就是确保每个人的计划汇合加总后能与公司的任务清单重合。

“公司的任务清单都是切实的工作，比如如何补救上一个 100 天里出了问题的工作，如何确保不重蹈覆辙，如何打造你负责的品牌，如何提升领导力等。另外，项目规模从来都不均等，总有一些项目比其他项目需要更多的资源，那么领导者应如何协调？谁为结果负责？

“最开始，员工会把各种各样有关个人提升的内容纳入清单，甲想进步，乙要自我提升，丙希望在某些事情上做得更好。但能列入公司任务清单的事情必须对整个公司都重要才行。一开始大家会略显笨拙，因为他们对如何做或者做什么十分困惑。实际上具体做什么事情并不重要，只要锁定结果就可以了，只要确保 100 天内或在某个节点上能取得怎样的业绩即可。以 100 天为限非常有效，因为员工不太可能像一家公司那样连续错上 100 天。另外，你必须给员工一定的时间，让他们体会犯错的痛苦。当你也打造出一种像我们这样彻底透明的竞争环境，你的员工就不会犯两次同样的错误，绝对不会。

"因此，'百日计划会'实际相当于自我报告会。当员工带着自己的百日计划出现在会议室时，便意味着已经没有任何回旋的余地，报告即结果，你要么做了，要么没做，你会彻底暴露在众人面前，因为目标是你自己提出的，你要对它负责。我们公司只解雇过三个人，因为他们没有完成百日计划。我相信我做的一切能够被所有人理解，因为一切都彻底透明，清清楚楚。每位员工都能完全掌握其他人的工作状况，如果别人恰巧阻碍了你，让你无法达成预想的结果，你可以迅速调整，将任务剔除或用其他目标替代。公司里的任何人对所有人的工作都了若指掌，不仅知道自己的奋斗目标，也知道他人的，还知道什么事情是公司最看重的。"

相较于华氏 212 公司以 100 天为汇报周期，手机服务网站 Foursquare 的 CEO 丹尼斯・克劳利（Dennis Crowley）喜欢以 1 周为周期让每位员工分享他们的优先事项，他自己也是如此。基于在谷歌工作期间学到的代码分析法，克劳利自创了一套系统。

"每周一，员工向系统提交一份事项处理清单，软件会重新对其进行编辑，然后通过邮件发给全公司。"克劳利解释道，"因此通过快速浏览这些清单，管理者就可以了解某个项目的进度，某位员工在做什么。你可以紧盯某些人的工作进展，但一般情况下我们希望员工能主动从我本人、首席运营官、工程主管和产品主管那里获得信息。

“我的清单中，第一栏是‘令我感到兴奋的事情’，接着是‘让我感觉一般的事情’或‘让我颇具压力的事情’。清单后半部分通常是本周工作批注，例如，从公司某位投资人那里听来的资讯，或者是来自某个员工的建议。这套沟通汇报系统十分有效，我从员工那里得到大量反馈。员工只需花上一两分钟阅读我的邮件，便能知晓我对这一周工作的整体评价，哪些地方我认为做得不错，哪些部分还需提高。这套系统还能促成一些有益的对话，比如我会在邮件里写下这样的备注：‘嗨，我听甲同事提到某事儿，那我们就一起交流一下吧。’”

“神经领导力之父”：让员工成为“自己人”

游戏化服务开发公司 Badgeville 首席战略官克里斯·达根（Kris Duggan），创立了一套“互锁”（Interlock）的沟通目标的方法。

达根表示：“我认为所有组织在上传下达，让每个人的行动都指向同一目标方面皆存在相当大的困难。对此我有过切身经历，无论你在公司处于怎样的位置，无论你的工作职责是什么，你都会在与你的上司或高层对接时遭遇障碍，无法实现信息的完全交换。

“因此我们把所有的注意力集中在‘互锁’这个概念上。‘互锁’是指将所有部门和它们各自的目标联系起来，让目标和执行方法对所有人来说都一目了然。每位员工都必须清楚所属部门的目标和执行方法，并且明白自己与部门的关系，以及部门目标与公司目标的关系。

“为了实现这一点，我们首先要做的就是公布整个公司的目标和评估方法，例如，今年我们有 6 个主要目标，针对每个目标我们会设三四个评价标准。每个月我们都会交流总结，验收目标完成情况，及时知晓推进是否顺利或是否有偏差。设定目标、执行过程、评估标准等一系列事项都保持完全公开透明，我们从不掩盖坏消息。”

完全透明的做法好处很明显，不仅让公司目标得以清晰传达，而且能让员工看到自己和同事实现目标的全过程，让员工获得成就感的同时，引发强烈的使命感。此外，全透明的沟通还有助于增进员工对公司的了解。对公司有了更全面的了解，员工才有可能从整体上思考什么对公司最有利，而非简单地做好本职工作。

透明化是商业数据分析软件商 Qualtrics 公司的企业文化中最具标志性的因素。Qualtrics 公司 CEO 瑞安 · 史密斯（Ryan Smith）表示：

“我们打造透明的企业文化不是为了好玩或者赶时髦，也不是为了打造所谓宽松的工作环境，事实上宽松的环境与透明的概念完全无关。之所以要完全透明，是因为我认为每位员工都需要知道我们的目标以及实现目标的途径。我们要让每位员工都能及时了解、消化我们的目标，无需胡乱猜测或者刻意打听，因为那会让公司陷入困境。

“我们推崇透明，鼓励员工了解所有信息，然后把精力集中到真正重要的事情上，为我们的目标奋斗，并明白如何奋斗以及奋斗的结果。因此，我们联合最好的产品经理和最优秀的工程师创建了一套内部测评系统。测评系统以每位员工对公司目标的了解程度为标准。每一年我们会给公司定五个目标，每季度员工根据公司的目标设置个人目标，而测评系统则根据员工自己上传分享的工作进行运算，核计其工作在公司目标完成进程中的作用和功劳。

“我们还有另外一个系统。每周一该系统会给每位员工发送一封邮件，给出例如‘你本周打算完成哪些工作？上周计划完成得如何’等提示。收到回复邮件后，系统会将所有内容汇总为一封电子邮件再发送给全公司。但凡有人有疑问，答案一定能从邮件中找到。我发现当所有人都朝着同一目标努力时，力量真的不容小觑。我们定的目标很高，所以要想实现，必须确保所有人先对其有充分了解。”

史密斯的方法还可以通过神经学原理来解释。通过对人的大脑进行研究，神经领导力研究所（NeuroLeadership Institute）所长、“神经领导力之父”大卫·洛克（David Rock），总结出了一系列行之有效的领导力战略。对于合作意识，分享工作过程可以从根本上改变员工对同事的认知，洛克做了如下阐释：“在生活中，我们会对每一个与我们有交集的人做一个评判，评判结果会影响我们与对方交流的全过程以及其他很多事情。这个评判就是：‘你属于我的内群体（In-Group）还是外群体（Out-Group）？’假如我属于你的内群体，那么你在对我所说的话做出反应时大脑的思考路径就会像考虑自己的主意一样。如果我属于你的外群体，那你的思考路径就会截然不同。虽然评判可能出于无意识，但其影响力却十分巨大——‘他跟我是一类人吗？他能融入我的团队吗？我们的目标一致吗？他会成为自己人吗？’

“从某种意义上说，这属于神经学范畴，但同样适用于团队合作。假如你能让所有团队成员目标一致，你便能迅速组建一个强大的内群体；如果你能与你新加入的团队共享同一个目标，就能顺利地从外群体转化为内群体，成为团队的一员。这就意味着，企业领袖要有让所有人追求同一个目标的能力，否则团队就无从谈起。人类天生具有团体意识，这是我们与生俱来的生存方式。”

一项明确的计划能让团队所有人朝着同一方向进发。在团队意识的指引下，团队成员才能更系统地执行计划，并根据实际情况及时调整行动方向。**高效能领导者的工作就是为员工解答这两个问题：我们的目标是什么？我们要如何实现它？**

第3章

有归属感的员工更“卖命”

当下属说“我现在是总监了，应该有自己的独立办公室”时，你该如何处理？当一线员工说“你根本就没赋予我当老板的权力”时，你该怎么应对？当办公室成为争权夺利的舞台时，你要当看客还是“法官”？

清晰的企业价值观
比传统“命令—控制”式的管理
更能够激励人心，
也更有利于创建有约束力的宽松环境。

思杰系统公司 CEO
马克 · 邓普顿

思杰系统公司（Citrix）致力于云计算、虚拟桌面和远程接入技术的研究，公司 CEO 马克·邓普顿（Mark Templeton）将思杰的企业文化比喻成电脑：“我们通常会从公司运行的角度来定义企业文化，例如，工厂的很多工作都依靠机器完成，而公司则是靠人。我们的员工就类似于机器，也就是科技术语中说的‘硬件’，而我们的价值观便是‘操作系统’。

“形成企业文化的前提和基础就是硬件以及操作系统，具备这二者之后，你才能进入真正的工作流程。在思杰，我们要求硬件和操作系统要完全契合。”

思杰的企业文化基于三个价值因素：尊重、诚实、谦逊。

“人们通常都想成为比自己更强大、更有意义的组织的一分子，他们时刻都在等待加入的机会。围绕尊重、诚实、谦逊建立起来的圈子便是员工的期待之一，员工会想加入我们这个团队，因为我们和他有着共同的信仰，我们因相同的价值观而志趣相投。共同的价值观和有效的管理让我们的目标更明确，为实现共同目标，大家各司其职、各显神通，就像一个巨型初创企业。”

有效的管理离不开行为准则。具备与交通法规一样功能的行为准则是员工更专注工作、不被公司政治所困扰的前提，而公司政治常常是管理者对各类不良行为纵容的结果。

希尔·霍利迪广告公司（Hill Holliday）CEO 迈克·希恩（Mike Sheehan）将企业文化分为两种：一种基于各种不安全感、恐惧感和混乱；另一种则基于一个坚实的平台，在这个平台上，员工以自己的工作为中心，不会为与工作无关的纷扰所动摇。实际上，如果公司不给办公室政治与流言蜚语提供滋生的土壤，它们很快就会消亡，员工便可心无杂念，做好自己的工作。

或许有人会认为构建企业文化既没有产出，也没有必要，但还是有很多领导者视文化和价值观为企业不可或缺的组成部分，认为它有助于吸引和留住人才，让员工保持专注。

何时辞退员工？

在与数百位 CEO 关于企业文化和价值观的访谈中，我发现了打造企业文化的两条原则。

> 原则一：企业价值观的提出没有定式。既可以领导者自己提出，也可以全员共同拟定，或者两者并行，一切视实际情况而定。
>
> 原则二：价值观一旦确立，公司必须严格践行，除了时时强调，更重要的是公司以及员工的所有行为都要以价值观为准则。

第二条原则必须严格执行，因为假如员工发现企业实际行为与宣扬的价值观不符，那么之前确立价值观的整个过程就会成为一个虚伪的玩笑，员工会消极怠工，个个心怀鬼胎，当你责备他们时，他们会理直气壮地回应：“折腾了那么多还不是跟以前没两样？”

电子商务网站 Lockerz 前 CEO 凯茜 · 萨维特(Kathy Savitt)认为：“有些员工很容易愤愤不平，公司政治也因此产生。员工对公司、同事的不信任足以让最优秀的公司患上不治之症，最终轰然倒塌。当员工认为公司没有真正践行企业的价值观时，这种不信任感会影响整个组织。举个明显的例子，当团队成员有了一个绝妙的主意或遇上大麻烦时，根本没有人意识到他可能掌握了关键信息或身陷困境，于是好主意烂在肚里，问题继续蔓延。这位团队成员怎能不对公司失去信心？渐渐地，每位员工都会遭遇如此对待。表面上看公司一切如常，实际上内部已经开始腐烂。”

打造企业文化的过程不可能一帆风顺，当某位德高望重或手握权力的员工暗中破坏公司价值观时，管理人员的压力往往更大。许多领导者表示，对再三明显违反公司行为准则的员工，不管是谁，都必须零容忍。

广告公司 Translation 的 CEO，都市美容品牌 Carol's Daughter 总裁史蒂夫 · 斯托特（Steve Stoute）称：“你必须在组织当中建立一套信仰系统，违背该系统的人必须被迅速剔除，这对双方都好。多数高层都知道，一名新员工适应工作一般只需 1 ～ 2 个月，但要想将他们从组织中剔除却得花 7 ～ 12 个月，非常浪费时间。

“无论公司规模如何，完整的制衡机制都非常必要。在组织发展过程中，总有事与愿违的时候，总有因为某些人的疏忽而导致目标无法实现的情形，所以当有人背离企业文化时，管理者要能够及时察觉，及时处理。有些员工甚至都没把自己纳入公司信仰系统，所以组织的信仰在层层贯彻中出问题时也不必大惊小怪，而问题的关键在于，不良行为会像病毒一样传播。不良行为的出现或许是一家优秀公司灭亡的开始。

“无视公司的战略意图、脱离组织目标的不良行为是对公司信仰系统的公然蔑视。不良行为的高传染性，会让组织患上不治之症，尤其是不良行为的‘宿主’是中层管理者的时候，因为中层管理者直接带领年轻团队，如果中层管理乏力，人才流失将是必然结果。”

罗勒约投资公司（RLJ Companies）总裁罗伯特·L.约翰逊（Robert L. Johnson）与斯托特的观点一致，也认为必须坚决杜绝不符合组织价值观的行为。

“企业文化好比一个圈，优秀的公司不该容忍员工游离在圈外，不管他是世上最出色的销售员还是最能干的营销经理，一旦出圈，他就必须离开，因为他直接威胁着整个企业文化。如果员工没有和你共同努力的决心，要实现目标简直是痴心妄想。”

何时员工应该主动辞职？

领导者描绘各自组织的价值观的过程，透露出不同公司创建价值观的不同方法。以下是史蒂夫·斯托特在 Translatio 和 Carol’s Daughter 两家公司推行的方法：“言出必行是核心价值观。公司不该容忍光说不练的员工，或许他们在夸夸其谈时确实抱着一丝美好愿景，但也就仅此而已，不可能创造出一丁点儿实际效用。管理者必须警惕这类员工，他们是组织成长的头号破坏者。因此我的下属必须做到这一点：做不到的绝不说出口，说出口的必须去做到。

“另外，我不希望下属除了学术背景一无所长。如果你懂摄影、擅长写作或者唱歌好听，我希望这些技能可以在工作中派上用场。作为关注企业文化并希望得到员工认同的公司领导者，我组织中的每一个人最好都各有所长，不管他们的特长与工作是否相关。

“在 Carol's Daughter，客服部门的员工可能擅长摄影，所以当我们设计包装、营销方案时都会听取他们的意见。我认为那很重要。另外，当员工以这种方式参与企业文化建设时，领导者必须及时给予奖励，感谢他们的贡献与分享。很多公司禁止员工做与本职工作无关的事情，但在我看来，正是这些‘无关的事情’推动了企业的成长，增进了团队友谊。

“中肯的意见可以来自公司任何部门，没有限制，不分高下。作为 CEO，我相当于公司的酋长，我鼓励员工帮我出主意。我一再告诉员工，即便你的意见很棒、令人热血沸腾并且具备可操作性，如果你不让上司听到，一切就没有意义。从某种层面上说，怀揣好主意却秘而不宣其实是你该离开公司的时候，因为这个组织已经无法让你成长，你也没有做到尽职尽责为公司奉献。**为什么有那么多公司留不住优秀人才？因为缺乏优秀人才表达自我的平台，于是他们只好失意离开。**”

商业智能公司 QlikTech 的 CEO 拉斯·比约克（Lars Bjork）就自己公司的五大价值观以及公司的相关奖励制度做了如下介绍：

“**第一是挑战**（Challenge）。因为我们是新兴的软件企业，公司随时在挑战传统，一味跟风也就意味着你永远成不了第一，要想最终胜出，必须用自己的方法登峰。在 QlikTech，我们彼此挑战，你若洋洋自得骄傲自满，很快就会被淘汰。

“**第二是快速行动**（Move fast）。因为我们身处超速发展的行业。

犯错无妨，但别犯同样的错误，要从中吸取教训。

“**第三是坦诚直率**（Be open and straightforward）。也就是说，假如你认为某项行动或某人出错了，就必须坦率指出，我们要求所有人必须直言不讳，把一切事情摊开来谈非常重要，不然你可能错过一些绝妙的意见。但请注意，一旦讨论结束，决策确定，即便出现了不同的观点，你也必须尊重之前的决议。

“**第四是团结协作**（Teamwork for results）。不要仰赖个人力量，要让个人力量融入团队。员工要走出去和所有不同岗位的同事交流，这相当有益，因为离开了沟通，你永远不会知道擦肩而过的人的脑袋里有着怎样绚烂的想法。

“**第五是有担当**（Take responsibility）。当公司授予你更多的权力，也意味着你有更重的责任。一家公司想实现快速发展，就必须让员工形成根深蒂固的成本意识，这也就是我们公司员工出差一律乘坐大巴而不搭飞机的原因之一。

“每次公司年会上我们都会根据以上五个价值观颁发最佳表现奖，获奖人先由全体员工提名，最终获奖的可以成为来年的价值观推广大使。推广大使可以是个人，也可是团队。如果空设价值观而不遵循和推动，前期的努力最终只会付诸东流。”

痛心的创始人：我的公司怎么变成了这样？

美国在线聊天技术供应商 LivePerson 的 CEO 罗伯特·洛卡希欧（Robert LoCascio）谈论了构建价值观以及用严格流程来推动价值观的原因。值得注意的是，LivePerson 竟将价值观浓缩至两条，而当价值观最终建立后，LivePerson 也精简了不少员工。

洛卡希欧坦言道：“过去两年 LivePerson 可谓经历了不小的挑战。目前我们的销售额大约是 1.6 亿美元，但在销售额达 1 亿美元、员工大约 500 名的时候，我明显感觉到公司出了严重问题。那时候 LivePerson 似乎沾染上了官僚习气，公司开始增设中级管理层，而他们的工作只是监督下属各司其职。很快，公司变得封闭起来，稍稍有些权力的管理者变得更加贪婪，接着小团队出现了，争权夺利、互相倾轧，他们一心想着如何往上爬。

“有个情境给我的印象尤其深刻。当时公司办公区设有小卡位和独立办公室两种形式，那天我路过一间办公室时发现两名员工挤在一间小办公室里，于是我问他们为什么不去各自的卡位独立办公。他们回答说‘我们现在升总监了，总监享有独立办公室’。

“我从没想到企业文化和价值观能有如此之深的影响。那天的见闻让我沉思良久，因为实际上我已隐约觉察到公司的氛围不太对劲，眼前的情景让我找到了原因：公司正变得越来越陈腐死板。之后我开始观察对手公司的做法，我突然意识到，如果作为创始人的我离开公司，公司很可能会在经历几任 CEO 之后变得面目全非。我找到了 LivePerson 最致命的缺陷，那就是我们缺乏核心价值观。因为只有找到核心价值观的企业才能长期可持续地发展下去。随后，所有管理者都被要求搬出独立办公室，LivePerson 痛苦的变革之旅自此开始。

“我邀请所有员工参与变革的过程，并与他们坦诚分享了变革的理由。在动员大会上我说：‘5 年间我们取得了惊人的成绩，营业收入从 200 万美元增长至 1 亿美元。我们应该感到无比自豪，祝贺我们自己。如今我们将继续前行，但在此之前，我们得先成为另一个完全不同的公司，打造一片完全不同的工作环境，我希望大家能成为一个联系紧密的团队。’

“最终公司所有 300 多名员工一起去了以色列的研发中心。刚开始有些人说不想去，认为这个行动愚蠢至极，但最终所有人都到齐了。接下来的 3 天时间，我们每 20 人一组，围坐在一起讨论公司文化建设的问题。第一天大家有些莫名其妙，搞不懂为什么要这么做。尽管如此，当天我们提炼出了诸如以客户为中心、坚持创新之类的 40 个核心价值观。

“到了第二天，我们开始审慎对待这些价值观所包含的意义，并将前一天的结果浓缩成两条：主人翁意识（Be An Owner）和惠及他人（Help Others）。主人翁意识是指每位员工都要以公司所有人的心态工作，惠及他人是指作为一个共同体，我们要学会反思自己和理解他人，而不自私自利，推卸责任。这便是我们的核心价值观形成的过程，真是让人怀念。

“之后一年半中，LivePerson 有 120 名员工离职，3/4 的管理层被替换，其中 50% 是主动请辞，50% 是被动剔除。我们在开会时会有人突然说，‘你根本就没赋予我当企业老板的权力’，或者会有员工跑过来对我说：‘我想离职，因为我担不起这份责任，我当不了老板，我只希望有人来告诉我做什么，然后我照做’。”

与洛卡希欧在公司发展途中主持变革不同，贮藏系统及配件零售商容器零售连锁店（The Container Store）CEO 及创始人基普·廷德尔（Kip Tindell）早在公司成立之初就凭一己之力塑造了核心价值观。

“我上中学期间开始接触一些哲学书籍，书中有个论点给我留下了深刻印象——多数人认为工作应该有一套完整的行为准则。我相信我的员工也属于那些‘大多数’，于是我开始建立一套行为准则，并在公司里推行。虽然这些行为准则看起来似乎是老生常谈，甚至略显空洞，但实际上它们真的有用。

“第一，它们让每个人保持了相对独立。在保持最终目标一致的前提下，我们给了团队与成功相匹配的自由空间。第二，虽然员工被允许为实现目标自由选择方法，却不会造成混乱，因为行为准则将我们捆在一起。创业的幸福之处在于，我可以按自己的理念做企业，不会受制于投资人。

“我们的行为准则之所以能营造出员工喜欢的工作环境，主要是因为把握住了三个关键点：

“**第一个关键点是沟通即领导力**。我们信奉沟通无极限，鼓励员工在任何时刻对任何人分享交流任何信息。我们必须坦诚相待，做到分享一切，信息完全透明。我们认为同事之间完全没有值得隐瞒的事项和必要，除了各自的薪酬。

“**第二个关键点是一名优秀员工的工作效能相当于三名合格员工**。我们努力提供高出行业平均水平 50% ～ 100% 的薪酬。这不仅对员工有利，对客户和公司也大有裨益，因为我们仅用双倍薪资便换得了三倍效能。

“**第三个关键点是直觉**。我们甚至带着请求的态度努力让员工相信直觉应当在工作中发挥应有的作用。毕竟，直觉源自你一生的经验累积。所以何必弃而不用或视而不见？

“此外这一点或许也值得注意：满足员工的需求之后，公司盈利也就顺理成章了。这恰好与零和游戏相反，意味着我们和每一位员工都是互惠互利的关系。”

尽管像容器零售连锁店一般从零开始打造企业文化要容易许多，但对旧有文化稍作加工也是可行的办法。灯具制造及销售公司 Bulbrite 是一家家族企业，凯茜·蔡（Cathy Choi）在接任总裁一职之后对通行了数十年的公司价值观做过一番梳理。

“我任总裁后做的第一件事就是着力打造文化。Bulbrite 不大，所有员工都是我父亲的老部下。在工作交接过渡期间，我们外聘了一名咨询顾问来代替我和父亲组织全体人员讨论公司的价值体系。

“我们对公司价值体系有个相同的基本认识——价值观是个人化的东西。我们向员工提了一个问题，‘你在工作之余喜欢做什么？为什么？’喜欢的原因无外乎两种，享受创造的过程或者收获了极好的成果。我们试着从他们的答案中抽离出他们追求的价值和精神。

“结果显示， 正直、团队精神等获得一致青睐，大家当然更乐意与光明磊落的人合作，愿意对其投资。通过‘提问—归纳’的方式，我们提炼出了 10 个词或者说 10 条价值观，然后尝试更加凝练，更直指人心，最终我们得到了两个词：BE BRITE，每个字母都代表一条重要的价值观，或者一条用人标准。但凡与之不匹配的员工，最终都离开了。

“上述两个词中，第一个 B 代表公司（Bulbrite），E 指凡事要追求卓越（Excellence），第二个 B 代表更佳的工作方式（Better way of doing things），R 代表人际关系（Relationship），I 即正直（Integrity），T 是团队精神（Team），E 表示培训（Educating），包括自我提升并帮助他人，我们寻找的是愿意不断学习、自我提升的员工。根据这七个方面，我们起草了一份能够支撑整家公司的价值体系，一套员工一致接受的行为准则。

“每个月我们都会评选出一名员工以表彰其在践行价值观方面的最佳表现，被嘉奖者由全体员工投票选出，至年底我们再从全年 12 名月度最佳员工中投票选出年度最佳。推举候选人时，投票人要写下他们认为候选人实至名归的原因。

“我们还会举办盛大的颁奖典礼，典礼上胜出者会上台听取同事对自己的评价。我相信所有员工的评价都发自内心，而他们之所以能做到这样，正是因为我们分享共同的价值观，我们是一个团队。”

四种方式，“炼”出团队精气神

社交媒体营销软件企业野火公司(Wildfire)的 CEO 维多利亚 · 兰瑟姆（Victoria Ransom）表示他们公司的价值观确定过程历经曲折，幸运的是最终结果十分令人满意。

绩效考核与价值观挂钩

维多利亚 · 兰瑟姆在访谈中表示：“当公司员工只有 20 名左右时，我们就尝试建立内部价值观，但结果并不理想，价值观没能发挥预期效用。随着公司逐渐壮大，员工对公司的期望越来越高，他们希望公司的特质能更明显。这是个很好的契机，我们的价值观早就存在，只是不够明确，不能让新员工一下子就抓住其精髓。

“我决定对原有价值观进行改革还有另一个原因。工作中，总有一些员工的行为与公司要求不匹配，但因为没有明确的标准，所以对他们的处理往往不能服众。在推行新的价值观时，公司的员工绩效考核机制应作出调整，拟定明确的评价标准，认真思考员工与公司文化的匹配度。

“为提出适用于全体员工的价值观，我和公司联合创始人阿兰 · 查德花了一个周末的时间。然后我将全体员工分成几个小组，并与之面谈，征询他们对列表的反馈意见，以便进一步修订完善。有些公司的价值观旨在彰显公司性质，而我们倾向于挖掘员工潜力。

“团队合作，保持激情、谦卑、正直、勇往直前等都值得推崇，尤其是最后一条，它意味着要敢于表达一切——假如你有一个很棒的主意，告诉我们；假如你不赞同我的意见，请表达出来。

“好奇心也是其中之一，我们非常鼓励员工不断提问，紧盯行业前沿,参与公司的研究,我们希望推倒‘他们’（员工）和‘我们’（领导者）之间的高墙。影响力也是我们奋力追求的目标，我们希望公司能更具权威和力量。最后一条价值观更加浅易——人人做正确的事，并把正确的事做好。

“推行价值观的过程远比制订它困难得多。我将修订完成的价值观公布给所有员工后，他们中的大部分都显得兴奋不已，对未来充满希望，但在之前的公司经历过类似事情的同事则兴趣寥寥，对改革十分怀疑。**我认为最快速、最有效的毁灭一家公司的方法就是把那些与公司价值观不符的员工放到管理岗位上**。所以我决定先发制人，将那些员工清除出组织。于是新的、系统的价值观得以迅速推广，然后我发现，员工比以前快乐多了。”

运用标识和故事

标识和故事也是强调价值观的有效手段。生物医药企业普罗透斯数字医疗公司(Proteus Digital Health)CEO安德鲁·M.汤普森(Andrew M. Thompson）的做法就是标识与故事双管齐下。

“文化在我们公司的确是头等大事，我们有一套基于品质、团队合作及领导力的价值体系，为了让员工进一步理解、认可这些价值观，我们开展过一些外化价值观的活动。

“活动开展分为两步，首先让一个团队推举出其他团队中的优秀员工，并在公司会议上以讲故事的方式来描述被推荐人的事迹，工作效率之高、结果之出色、领导力之强等。公司将奖励优秀员工一枚7

克的金币，优秀员工则要请推荐人吃饭以示感谢。我之所以喜欢这种做法，是因为整个过程中管理层都不参与，完全是员工之间的互动，这对提升员工亲密度异常有效。

“各部门之间密切联系，人与人之间彼此信任、相互合作、携手共进，这才是最佳、最强、最高效的组织。管理者的职责是建立高度诚信、互敬互重的环境，而员工才是完成这项任务的核心人物，管理者无需甚至不能介入。”

前影视界高管、美国城市国家银行洛杉矶分行 CEO 拉塞尔·戈德史密斯（Russell Goldsmith），受电视节目《美国偶像》（*American Idol*）的启发，创建了一套奖励机制，用讲故事的方法来强调该银行的价值观。

“或许是因为我出身娱乐界，讲故事已成为我们宣传和强化企业文化、奖励先进的重要方式，”戈德史密斯说，“之前在共和影业（Republic Pictures）谈项目时我总会说‘故事为王’。如果剧本的故事烂透了，怎么能拍成电影呢？在城市国家银行，我发现我们有很多精彩的故事可讲。浏览城市国家银行的发展历程你就会发现，其中有个故事是讲明星弗兰克·辛纳屈的儿子的绑架案，故事记载着弗兰克·辛纳屈的挚友、城市国家银行首任 CEO 阿尔·哈特在一个周六神不知鬼不觉地打开保险库取走了赎金的过程。事情发生于 20 世纪 60 年代早期，但人们至今仍对此津津乐道。

“我们甚至专门聘请咨询顾问教员工如何更有条理地分享故事，以促进企业文化。我们发起了一项叫做‘故事偶像’的活动，每季度在我们 79 个银行网点之间展开竞赛。后来我们将季度竞赛发展为年度竞赛，全公司业绩前 300 名的员工都可以参加，讲述各自促进团队合作或取得优秀成绩的经历。竞赛的氛围就像是篝火晚会，只不过我们是围坐在会议桌前。

“我们还将竞赛搬上了公司内部网站。每季度有 50 ~ 100 名员工会上传自己的故事，然后全体公司成员投票推选出最佳者，上传者可以获得一台 iPad,而故事主角则会获得一笔颇为可观的奖金。实际上，奖品并不重要，最重要的是获得认可，是站上领奖台听到台下 300 人尊重的掌声。”

招聘价值观一致的员工

马克·邓普顿强化思杰公司价值观的工作从员工进入公司之前就开始了，思杰公司会在招聘过程中以公司价值观为标准筛选面试者，并在工作中勇于指出那些言行与公司价值观相左的同事。

邓普顿表示：“首先要让所有员工都对公司价值观了若指掌，这样人人都可以监督其他人的行为。公司所有人，包括 CEO 与普通职员，都要对违背价值观的现象负责，必须相互监督。这实际上对公司人事工作提出了更高要求，人力资源负责人必须深刻理解我们的价值观，因为拥有光鲜简历和各种技能的员工容易找到，但他们的品质是否与公司文化相匹配呢？”

云计算咨询商 Appirio 公司的 CEO 克里斯·巴尔宾（Chris Barbin）会定期抽查员工对公司核心价值观的了解状况，这一举动有效强化了公司价值观的重要性。

“在招聘员工和日常工作两方面我们各有一套价值观。诚信、专业和高智商是员工进入 Appirio 的最基本条件，服务客户、团队协作和乐观有趣是我们对员工日常工作的要求，其中乐观有趣最为重要，如果忧愁的事迟迟不能解决，那么请你说出来，让我们来帮你。

“我常问员工：‘你开心吗？’其实他们不必回答，他们的眼神、语调都传递着信息。然后我接着问，‘你开心的时候多还是郁闷的时候多？如果是后者，那是为什么？’他们的回答往往会反映出公司的问题，员工对公司问题的感知比我要敏锐。”

巧借妙语佳句

也有些公司将员工总结出来或反复传诵的妙语佳句纳入公司文化当中。抛开省时省力的好处不谈，这种让员工直接参与的方式无疑强化了公司的核心价值观。

比如在领英公司（LinkedIn），“下一个球！”（Next Play！）俨然成为非正式的公司准则，公司 CEO 杰夫 · 韦纳（Jeff Weiner）解释说：“我是借用了杜克大学篮球队教练迈克 · 沙舍夫斯基（Mike Krzyzewski）的话。在比赛中，当球员完成一次攻防后，沙舍夫斯基都会大喊‘下一个球！’他不会让球员的注意力过多地投入在刚才的表现上，既不想他们为那个精彩的空中接力而欢呼雀跃，也不想他们为被对手断球而沮丧。你可以花点时间反思刚刚的事情，但现在还不是时候，请集中精力争夺下一个球。”

男性生活服务网站刺激传媒集团（Thrillist Media Group）的 CEO 本 · 勒尔（Ben Lerer）称，他们公司的口头禅是“别指望”（Don’t Hope）。

“我们的意思是别指望别人替你做事，别指望事情做了 90% 后会自行完成，别指望好运气，机会永远给有准备的人，竭尽全力做正确的事，才是成功的唯一出路。假如竭尽全力还是不能实现目标，那至少无怨无悔，关键是你必须尽全力。‘别指望’这句话大约在 5 年前被明确提出，当时有人让我给创业者一些建议，我回答说，别指望别人，尤其是在企业初创期，公司人手不足，所以唯有自我担当。”

在医疗保健服务提供商美联实业有限公司（Medline Industries），员工经常听到公司总裁安迪·米尔斯（Andy Mills）说：“我们要多吻吻青蛙。”

“吻青蛙的意思是说当我们认为事情陷入绝境时，或许转机正在下一个路口，青蛙可能即将变成王子。当有员工在会议上问我该如何处理某事时，我通常答‘你们得多吻吻青蛙’，或者直接告诉他‘这就好比长期买彩票，谁知道最后是赚是赔呢？’我不想让员工因为付出努力但效果不佳而沮丧，所以我时时提醒他们不可能事事顺利。”

社交网络营销公司 Appssavvy 公司的主题句实际上是其 CEO 克里斯·康宁汉（Chris Cunningham）个人的口头禅。

“这只不过是我常用到的一个词罢了。我一直希望在沟通中传递出自信的意味，因为自信是我们公司追求的目标。我认为最能代表领导力的一句话是‘我将与你们一起战斗到底’。而‘搞定’（Crush）一词就暗含了这个意思，‘让我们来搞定这场比稿’。接下去，你会听到另外一个人用到‘搞定’,很快所有员工都会在电子邮件里写下‘搞定’一词，甚至一次会议上，你能听到 3 个人提到这个词。显然，‘搞定’成了我们企业文化的一部分，它贯穿了我们的所有事务。员工喜欢它传递出的那份自信。”

保险软件开发商 Guidewire 的 CEO 马库斯·鲁（Marcus Ryu）说他在努力打造一种拥抱逆境的文化。

“就像凿穿花岗岩一样，公司运营、业务开展、新品研发都十分艰难，我们应该学会苦中取乐。我告诉员工，我们是凿穿了花岗岩才走到现在这一步，未来还会遇到更多花岗岩。过程势必艰辛，因此你必须清楚自己是否真的享受这个过程，勉强忍耐的人不会有体力抵达终点，因为前面的花岗岩无穷无尽。确实有员工提到说，看不见光亮的未来有点令人沮丧。因此作为管理者，我必须想方设法提升士气。”

以上例子说明打造公司价值观确实没有一定之规，也没有所谓的最佳方法，但我们仍然可以从中总结出一些原则。价值观断不能牵强附会，必须是团队个性、信仰以及文化的外在体现；其他公司的价值观也不能随便嫁接到自己身上，否则很可能成为失败的“器官移植手术”，进而危及企业生命。明显背离企业价值观的员工不应该被姑息，而领导者也必须以身作则，确保自己的行为与价值观相符，双重标准只会让员工心生怨怼。

企业价值观是企业文化最直观的表现形式，是每位员工必须遵守、认同的行为准则。正如全球最大的传播集团奥美集团（Ogilvy & Mather）的前 CEO 夏洛特·比尔斯（Charlotte Beers）所言：“缺乏价值观的公司只会随波逐流。”

比尔斯说：“企业文化是奥美做事的准则。我发现多数情况下，企业文化都没有固定的形式，只能凭直觉感知。对一家企业来说，最危险的事情莫过于没有相应的文化，大家各自按照自己喜欢的方式开展工作，公司最终将迷失方向。”

第4章

变“控制—命令”为“沟通—执行”

嘈杂喧闹是厨房的一大特色，但美国明星主厨马利欧·巴塔利却规定员工不能以高于正常说话的音量交流，这种奇怪的规定与他的Babbo餐厅驰名全球有什么内在联系？

施耐德是一位脾气暴躁、喜欢当众让员工下不了台的CEO，当员工因为粗心大意而险失一位重要客户时，疯狂的施耐德做了什么让所有员工都能够以此为戒？

掌权者滥用权力
是组织的噩梦，
会给团队带来猜忌与不安，
是防御心理滋生的温床。

铁山公司前 CEO
鲍勃·布伦南

不少老板喜欢对员工横加指责、过度苛求，甚至在同事面前公然羞辱员工，这种经历会长久地停留在员工的记忆里。只有足够幸运的人才有可能躲过差劲老板的摧残。很多 CEO 在创业之前都替人打过工，他们也不可避免地遭遇了职场磨难，这段经历可以说是他们的领导力启蒙课。有过糟糕职场经历的领导者更有可能打造出彼此尊重的企业文化，因为他们深知假如工作环境令人恐惧，员工就会懈怠。

儿童救助协会（Children's Aid Society）CEO 小理查德 · R. 布里（Richard R. Buery Jr.）在讲述自己曾跟随某位主管的糟糕经历之后表示，那段经历让他有了更强大的动力追求领导岗位，进而能够掌控公司文化的建设方向。

“我总结出一条显而易见却常被忽略的领导经验——做好自己，善待他人。担任儿童救助协会 CEO 前，我有过两段短暂的工作经历，其中一段是在律师事务所，当时的老板当着一群同事的面训斥我。我认为，同事之间应该有足够的尊重，即便我工作出错了，老板也应该与我私下面谈，那才是正确的处理方法。偏偏她没有这么做。那种难堪与尴尬我将永远铭记。

“坦白说，我要自己当老板的原因之一就是再也不想遇上那么差劲的老板。我希望在我的公司里，没有员工遭受恶劣的对待。任何行业的领导者都应该心怀这份真诚，在我目前从事的非营利事业中尤其需要如此。我们的员工卖力工作，不为大利，不求大名，只为自己的工作骄傲自豪。我很开心自己是一个互敬互爱的组织中的一员。”

MetricStream 公司的业务是帮助企业贯标（帮助企业贯彻诸如质量管理、环境管理等体系标准。——译者注），其 CEO 谢莱·阿尔尚博（Shellye Archambeau）说，早年的职场经历让她懂得了同事之间彼此尊重的重要性，它有助于员工展现最佳工作状态。

“我供职过一些文化相当苛刻的公司，其中有一家的应聘流程之繁复令人望而生畏。待通过层层选拔，正式进入公司后，你还得先证明自己的能力才有机会被真正接受。所以在那家公司，员工很多时候都是战战兢兢的。

“一旦产生恐惧心理，员工就不可能有优秀的表现。也许他们并非真正害怕，但恐惧感笼罩着他们。实际上，心理的恐惧会引起身体的变化，员工根本不可能在状态不佳的情况下取得好成绩。只有最佳的工作环境才能激发员工的最佳水平，实现公司目标。”

刺激传媒集团的本·勒尔早年糟糕的职场经历造就了他今日的企业文化思维。勒尔说：“在之前那份工作中，我受到了一位经理的精神虐待，当然我自身也存在问题——年轻、幼稚、一副舍我其谁的傲慢姿态。但对方的态度确实令人不堪忍受，最终上班成了煎熬、痛苦的事情。于是我决定离职。

“记得那时候我常常被公开羞辱，有一次我用电子邮件给多位同事发送了一份 Excel 表格，但表格做得不够标准，那位经理便在回复邮件中指责我如何愚蠢，Excel 技能如何糟糕，并抄送给了全公司。

令我感到自卑和难堪的情形实在太多，不管我如何努力都无济于事。那时我刚毕业，虽然确实有些工作无法胜任，但我都是竭尽全力想做好，却依然被当成十足的蠢蛋。

“我记得我当时心里想的是：我永远都不要让任何人有这种可怕的感受。这次遭遇触动我开始考虑是不是还要继续待在这样的环境里，我希望为自己创造一个更好的环境，于是自己创建公司之后，我开始有意识地引导员工朝那个方向努力。虽然过程也出过差错，但我认为总体来说很成功。”

为何对工作的恐惧和职场上的不堪经历会对员工产生如此之大的影响？为何那么多 CEO 至今仍对当年的办公室“伤疤”耿耿于怀？神经领导力研究所的大卫·洛克做了如下解释。

“研究显示，社交是引发最大危害，同时也是带来最高奖赏的因素。社交行为刺激着人类大脑中最基本的威胁和奖赏中心，也就是控制痛苦和快乐的神经元。如果某人感觉被冷落，那么他的大脑中控制这部分情绪的区域就会做出类似手被火烧到的疼痛反应。

“社交痛感并非比喻，糟糕的社交经历确实会让人感觉到疼。假如某人在公众场合被羞辱过，那么他每回想一次，就会痛苦一回，最终形成伤疤，永远留存。”

检验一位领导者是否合格的最基本标准就是看他能否创造员工彼此尊重的价值观。

职位越高越应该被尊重？

法国时尚杂志 *ELLE* 前首席品牌官罗宾·多明尼康尼（Robin Domeniconi）说他们公司的文化基石是磁共振成像（断层成像的一种，

它利用磁共振现象从人体中获得电磁信号，并重建人体信息，本例中比喻透过表象建立事物间的隐秘联系。——译者注)。我们的团队之所以能屡获成功，是因为我们相信我们一无所有，个人的力量非常薄弱，但因为目标一致，我们愿意团结在一起，互相取长补短。

“企业文化中的磁共振成像是指要从别人的话语中读出其真实的含义，捕捉这句话的意图。团队成员不必成为最好的朋友，但需要对磁共振成像有统一的认识，这样你才能和任何人讲任何事，只要说话的方式正确，比如‘虽然我们的看法不一样，但我希望能更准确地理解你的意思，所以你能帮我梳理一下你不想做这件事的原因吗？’

“假如员工能更充分、平等地交流和竞赛，管理者便能更快更容易地做出正确决定，我认为这是一种人文环境。我不会勒令员工坦诚相待，相反我会去激励：‘我们定会成功’，‘解决问题的过程会充满乐趣’，‘让我们共同去解决’。

“我在管理员工的过程中，很多时候会把公司所有人都想象成心灵十分脆弱敏感的孩子，因为我们的确就是孩子，全都脆弱敏感，全都有血有肉。但另一方面我相信他们的才能，所以我就需要去努力弄清楚为什么他们表现得并不够聪明，背后一定有隐情。

“你需要信任每一位和你共事的人，否则不必要的猜忌、嫉妒和距离感会悄然滋生，而假如你能坦然接受自己的负面情绪，相信整个团队是在共同追求美好的结局，那么这种公正、透明、信任的人性化环境便能自发生成。”

马克·邓普顿在思杰公司反复强调每位员工的意见都会被一视同仁地重视和肯定，无论职位高低：**“设置组织层级是为了方便管理，层级的高低与其被尊重的程度并不能成正比，所有的员工都应受到同等程度的尊重和信任。**不少公司或管理者在理解‘尊重’和职位的关系时出现偏差，错误地认为层级的高低决定被尊重的程度，实际上员工在组织层级中的位置与是否应当被尊重之间毫无关联。

“假如你一再向所有人灌输大家值得也应该被同等尊重的理论，那么用不了多久，你就会收到来自各层级员工的电子邮件，并随时都有可能有员工向你反映一些事情，也许是绝妙的创意，也许是棘手的问题，也许是征求你对某一具体问题的意见。”

移动软件开发商 3Cinteractive 的 CEO 约翰·达菲（John Duffy）把尊重列为公司的核心价值观之一，他说公司对失礼行为的零容忍让员工能够自由地相互监督。

“作为公司文化的一部分，公司所有人员必须相互尊重，绝不能有丝毫违背。对此，我们与每位员工都做过绝对明确的交流，我们绝不允许出现毒瘤。但凡出现对同事诋毁、对上司不敬、对下属无礼的情形，我们会立即组织人员进行处理，不惜解雇情节特别严重者。我们希望所有人明白只有我们秉承对彼此的尊重，公司才有可能有效运行。在我们公司，员工舒适度和安全感颇高。

“我们最近做了一次令人紧张的员工调查。调查内容不是简单的‘你幸福吗？’而是与幸福相关的 11 道题，每一题的分值为 1 ～ 7 分。其中有个问题足足困扰了我一周——你信任约翰·达菲吗？这个问题与我的职位无关，与公司前途无关，仅仅是针对我本人，我想知道他们对我本人的看法。最终我得到 90% 的绝对支持票，压力随之产生，因为我不得不树立起榜样，坚持公平公正、恭敬谦和地对待所有员工。

“员工表现很棒时，我真诚地表扬；事情搞砸了，我会用适当的方式让他们了解问题所在。奖惩标准必须一以贯之，必须尊重对方，必须保持冷静，必须柔和而循序渐进。比如这样，‘很遗憾大家期待的好结果没能达成，现在我们要如何避免同样错误的出现？’只有这样才能营造积极的企业文化，也才能够吸引真正才华横溢的员工。”

数据服务企业铁山公司(Iron Mountain)前CEO鲍勃·布伦南(Bob Brennan) 的观点颇具争议，他认为用传统的等级观念运营公司会给员工制造一种不安全的环境，除非管理者的目标就是让员工冒险，否则这种环境绝对要不得。

布伦南说：“我认为公司管理模式正在发生改变，‘命令—控制’式的领导方式正在消亡，然而很多管理者并未意识到这一点，他们还深陷‘命令—控制’的条件反射里，因为这是他们学到的全部方法，不管是电影里还是专业的领导力课程里都只会教授这样的内容。

“正是管理者自身知识的匮乏导致了‘我们希望你如何做’的管理模式，最重要的是，指令并非一年只下达一次，而是充斥于日常工作中，比如员工该如何提升工作效率的问题，在‘命令—控制’管理模式下，如果员工不主动向管理者请求反馈意见，就相当于没有进取意识，对他来说就是在制造一种没有安全感的环境，而假如他征询并得到了意见，管理者却没有进一步切实支持他的工作，他的表现依然会不达标，所以事实上员工仍处于不安全的环境中。不论管理者作何反馈，只要是在‘命令—控制’模式之下，员工与他的对话都缺乏对等关系，这样的环境下，员工会有安全感吗？我认为没有。

“铁山公司有一套完整的价值观，大多与坦诚率真有关——快速反应，行动为先，追求安全感。公司有 21 000 名员工，因此很多人都担任着管理责任。管理者需具备哪些特质？我们希望管理者能展现自信和乐观，在必要的时候提供建设性而非消极的意见，同时有主动向团队成员寻求建议和帮助的意识。

“我发现无论大企业还是中小型公司，最大的挑战都是员工的防御心理。在管理者为员工梳理问题时，这位员工的防御心理可能会随着管理者的发问而增强，即便问题合情合理，建议恰如其分。偶然的、单一的防御心理会渐渐成为一种自然的、条件反射式的、普遍的敌对反应，这种反应有时会比公司着力经营的企业文化更具影响力和毁灭性。所以，管理者必须提高警惕，一旦员工有防御心理出现的迹象，就要将其系统扼杀，从而让员工能够专注业绩和学习，团结一心。

“消除员工的防御心理，并不是说你们非得一起出去吃饭或者打球，关键是让彼此对对方感兴趣，消除各种沟通障碍。我相信，所有员工都想有所成就，都想提高自己的能力和水平，所以如果工作颇具建设性，他们通常会积极参与，会想通过团结合作实现目标，然而企业环境当中的壁垒妨碍了他们。管理者的任务就是打破工作环境中的沟通壁垒，让员工感受到自己身处安全的环境中。另外，掌权者滥用权力是组织的噩梦，它只会破坏团队协作，滋养防御心理。”

即便是象征性的举动也有助于营造公司的安全感氛围，让员工明白他们的意见与老板的决策一样重要。

咨询公司 QuestBack 的联合创始人伊瓦尔·克罗格鲁德（Ivar Kroghrud）在策划公司的组织架构时采用了一个非比寻常的办法。

“我们的组织架构图与一般公司的结构刚好相反，我们的员工在树状图的最上面，而管理者和领导者在最下面，因为从事具体事务性工作的并非领导者和管理者。领导者的职责是明确方向，以便员工能够照此开展工作，而员工的工作也能检验领导者的决策是否正确，是否开了个好头。

“想象一下这种情形，当你向一位一线员工解释公司组织架构图时，你说：‘我们可以看到你在最最底层的位置。’光是想想就让人沮丧不已，他们都是与客户打各种交道的一线员工，是非常重要的角色，他们不该被这样无礼地对待。”

在被美国第一资本国际投资集团（Capital One）收购之前，荷兰国际集团网上银行(ING Direct)的CEO一直由阿卡迪·库尔曼(Arkadi Kuhlmann）担任，他举办过一场异乎寻常的选举活动——让员工投票决定自己是否应继续出任银行CEO。

“同事和董事会认为我疯了，但除非确信员工真心希望我继续为公司服务，否则我不会留任。举办选举活动不是满足我哗众取宠的虚荣心，不是为了提高我的知名度，而是希望得到反馈——员工是否相信公司的使命？是否信任公司？是否信赖我本人？虽然股东、董事会、监管部门、公司客户认为我能够胜任CEO一职，但与我并肩作战的同伴怎么看待我是个大问题。

“选举活动中最困难的环节是让员工理解我为何要他们投票，我希望他们明白两点：第一，我不认为自己应该理直气壮、理所应当地连任CEO；第二，我希望对员工负责，对他们的责任感并非出自名义上的我应替他们服务，而是说我必须言行一致，我不能在宣扬我们的员工是多么重要之后，剥夺他们评价我本人领导工作的权利。”

管理情绪：EQ比IQ重要

为什么有些管理者会在工作中大吼大叫？面临巨大压力或许是原因之一。负重过多的领导者才会气急败坏地痛斥下属，以制造紧迫感或警告员工别犯愚蠢的错误。

铁山公司前CEO鲍勃·布伦南在对那些在办公室里大吼大叫的员工的行为做出极有见地的分析之后，将他们全都清理出了公司。

布伦南说：“无一例外，所有的咆哮都因为等级制度。在大吼大叫的员工心目中，最重要的事情是自己的领导位置，而不是如何带领团队更快更好地完成工作，他们既不愿开诚布公，更不会示弱妥协。这些人的个性当中有股与生俱来的唯我独尊的特征。而如果管理者不服从公司目标，只关注自己的一亩三分地，那他对公司来说就是累赘，这通常是我最终放弃聘用某一个人的关键原因。一般情况下，唯我独尊者展示聪明才智的方式多种多样，然而一旦陷入困境，这种多样性开始消失，他们会选择统一的方式——‘别废话，按我说的去做就行了！’当然这种情形并不多见，也不是常态反应，但这种顽固与狭隘确实存在。

“我一直在寻找那种有大局观、能在员工面对激烈竞争时为他们指引道路的管理者。很多时候，人们的意愿和行动会背道而驰，他们的初衷的确是想帮你成功，但其大吼大叫的帮忙方式往往让人产生防御心理，他们没有意识到自己的攻击性。有人委婉地称之为有激情，这是胡说八道，那才不是激情。工作中根本没有需要大喊大叫的时候，有些人只是戴着所谓激情的面具罢了。大吼大叫的不良行为只会帮倒忙，起反作用。管理者绝对不能情绪失控。”

管理者绝对不能情绪失控的规矩在很多公司通行。罗勒约投资公司总裁罗伯特·L.约翰逊也说他也无法理解为何要在公司里大吼大叫。他说：“我不希望员工动怒，我自己也不会动怒，不会对着某些人大肆宣泄个人情绪，我甚至无法理解办公室里的愤怒与冲突。所有人工作都是为了赚钱，替自己也替股东或者其他利益相关者赚钱，你怎会因为要完成共同的目标而动怒?

假如大家心平气和，携手合作，便能赚更多的钱；而假如我们怒气冲天、冲突不断，赚的钱必定少得可怜。所以说，别动怒，想办法解决问题就可以了。我不是说你对某人发怒，公司股票就会暴跌，但如果你怒气冲冲，原本可能谈成的生意就更容易泡汤。

“长期以来我一直认为即便事情搞砸了也总能想办法挽回，因此没有任何理由要冲别人发火，我始终抱着一定程度的信任与人共事。而且愤怒解决不了任何问题，其唯一的结果便是成为大家的谈资，某某人犯了错，某某人冲他们发了火，于是办公室开始弥漫着沮丧和愤怒的气息，同事关系瞬间跌至谷底，共同的使命也被抛诸脑后。而重新聚拢人心少说也得一周时间。

“有些人认为我缺乏激情，有些冷淡甚至冷漠，因为我从不情绪外显、大叫大嚷。原因很简单：越缺乏安全感，越容易动怒；越有安全感，越少发脾气。我认为在真正优秀的公司里，员工大多是自信、有安全感、极少恐惧的。在始终领先业界的企业中，员工流动率非常低，公司的延续性良好，因为其环境吸引员工长期留驻。”

美国最著名的意大利餐厅 Babbo 的明星主厨马利欧·巴塔利（Mario Batali）说，他的厨房里有个规矩，禁止大喊大叫。

巴塔利表示：“在我们的厨房里，如果两个人的距离在可触碰范围之外，你们就不要说话。很多厨师会为了方便快捷而隔着整个厨房大喊大叫，但我们这儿不允许，因此我们的厨房往往比较小，员工得以用正常对话的音量交流。如果你离我太远，那请走到我身边，因为大喊很可能导致我对你所要传递的信息的误解。

“多年来，我遇到过许多喜欢在厨房大喊大叫的家伙。在我的观念里，你之所以喊叫是因为你意识到自己没有做好本职工作，你想要掩饰你的沮丧。

“任何有过餐饮从业经历的人都知道餐厅客流量很有规律，一天中真正让人忙得不可开交的时候是晚上 7:30 ～ 10:00，因此主厨的责任就是让大伙儿做好准备迎接必然到来的客流高峰期。如果哪天主厨大喊‘噢，天哪，今晚怎么回事’，实际上他是在表达对自己的不满，他知道是他没让你们做好准备。到那时，毫无疑问，最欠缺准备的人就成了替罪羊。”

SIB 发展咨询公司（SIB Development and Consulting）CEO 丹 · 施耐德（Dan Schneider）有一套“冰激凌问题处理法”。

施耐德说：“在开第一家公司时，我很容易就头脑发热、乱摔东西，到创办第二家公司后我依然如此，因为这种处理工作的方式竟然一直奏效。在成立 SIB 之前，我一直是那副德行，一个疯狂的 CEO，尽管我并非刻意与人为恶。

“成立 SIB 时我并不知道它能发展到什么规模，会有多少员工，但我也并没有为这些事焦虑，我变得非常放松，甚至给自己放了两年半的长假，长假结束后我发现我处理事情的方式竟然完全不同了。我不再沮丧，也很少有机会喊叫，因为我意识到那并不能解决问题。至于到底是哪件事触发了这个转折，我已完全忘记，但有些记忆碎片偶尔会浮现在我的脑海。

“当时有位员工正给一家《财富》世界前五强的公司做项目，项目规模颇大，对公司而言那是非常关键的客户。那位员工做了长达一个月的资料分析工作，但最终忘了做数据备份，于是当电脑故障之后，那一整月的辛苦劳动打了水漂。虽然后来我们花了 1 500 美元恢复了硬盘，但他的错误可不能随便小而化之。公司所有人都盯着我，明白那家伙只有两条路可走：被我炒了或是杀了。

“我不知道当时怎么想的，但确实只说了句：你得给我们每人买份冰激凌，我们要开个冰激凌派对。我知道如果我老是冲着员工大吼大叫，他们也只能认为我是混蛋老板，而如果我们坐在一起吃冰激凌，那个场面将会刻进每个人的心里，他们会记住不要再犯同样的错误。我们后来确实没再花钱恢复硬盘。”

当下属比你更聪明时……

威睿软件公司(VMware)前CEO保罗·马瑞茨(Paul Maritz)认为，领导者应该有挖掘员工优势、扬长避短的能力，这能够帮助CEO在员工心目中树立十足的威信，以便在公司发展的关键时刻轻而易举地统领大局调整方向。

“说到领导力，很难不老生常谈，但最优秀的领导者就是那些能挖掘出别人优势的人，而人们只有在以积极的心态做事时，才能发现别人的优势。在那种只懂得责备、批评、吓唬的消极领导者的带领下，员工不可能发挥自己的长处，也不会忠诚于企业。消极的领导者根本不能解决任何问题，他们只会一直碰壁，不断遇到麻烦，并且将问题归咎于别人，而从不检讨自己。

“在我看来，高明的领导者要懂得聚拢人心，打造员工归属感。这样到了紧要关头，在不得不改变方向的时候，员工才会义无反顾死心塌地地跟着你朝前冲。而假如你是那种从不让员工表达观点，甚至常常羞辱他们的领导者，你留在员工心头的那些伤疤最终会对你产生反作用，让你异常烦恼。”

也是因为早年的职场伤害，有机食品公司海恩时富集团（Hain Celestial Group）的CEO欧文·D. 西蒙（Irwin D. Simon）创建了一套激励员工的领导哲学，他称之为“长勺喂养法”。

“在漫长的职业生涯中，我一直致力于研究如何恰当授权，总结来说就是不能太过自我。人人都有自我,但那不应该成为合作的障碍。我发现，**无需展现领导者身份，只要以礼相待，开诚布公，员工就会愿意为你效力**。发现以上秘诀的过程中，我经历过多家不同的公司。首先是几家政治氛围浓郁的公司，在那里只要选对了阵营，你就会被赞扬，否则就等着被团队边缘化吧，即便你能力超群、忠诚度颇高。我开始意识到，既然是一个团队，领导者就必须平等待人，谢绝小团体主义，我坚信共同参与意义重大。

“职业生涯当中另外一个关键的转折点发生在我替一位绅士打工的时候。当时我常常会问一大堆问题，有一天他把我拉到一旁悄悄地对我说：‘你提出的问题太多了，多到同事们开始认为你比我还聪明，可我才是公司总裁，照理说我才是全公司最聪明的人才对。’虽然那位总裁谦和有礼，但他的顾虑确实打消了我为公司全力奉献的热情。高明、自信的领导者会乐于同聪明、有趣的人共事，他会让属下肆意提问，让员工自主工作、自由表达。

“工作上我始终言出必行，从不朝令夕改。在聘用聪明而优秀的员工时，明智的管理者不会局促不安，相反会感觉舒适轻松。我也在工作中被人恶语相向过，心头因此留下伤疤，所以我非常向往相互尊重、相互喂养的团队精神。相互喂养的意思是说发挥团队成员各自的优势，巩固他们的信心，让他们尽情发挥自身长处去帮助、扶持同伴。领导者应该主动掌握员工需求，并用自己可以接受的方式对待他们，在每次行动之前你可以问问自己，‘我希望被这样对待吗？’”

要想激发员工的最佳工作状态，尊重将是强大而必不可少的工具。梦工厂动画公司（DreamWorks Animation）CEO 杰弗瑞 · 卡森伯格（Jeffrey Katzenberg）对此做了一个极为精妙的阐释：“**一般来说，有领导者就意味着有追随者，领导者与追随者相依而存，地位平等，我相信追随者的能力与领导者对他们的尊重程度成正比**。在这一组关系中，最重要的是领导者有多尊重追随者，而不是反过来。”

第 5 章

摇滚乐队不是团队，足球队才是

当几乎所有公司都在积极营造办公室的家庭氛围时，慈善机构英伍德豪斯公司却明确表示“我们并非一家人”，冷酷的宣言背后隐藏着什么样的深意与温情？

当员工眼中只有个人名利，不管团队利益之时，五百强企业的领导者如何巧妙地让其明白“人们嘉奖的是努力的结果，而非你在团队中扮演的角色”？

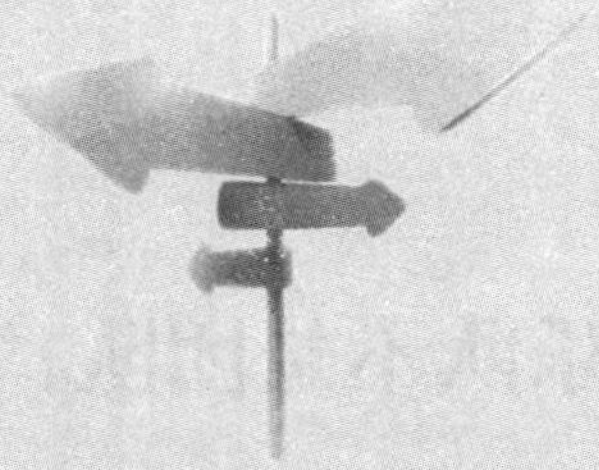

出门前核对一下你的
目标和身份。

赛门铁克公司前 CEO
恩里克·塞勒姆

第 4 章中诸多 CEO 强有力地证明了“尊重”在高效能企业文化中的关键作用，但“尊重”也只是整套企业文化构建方程式的一部分，业绩和责任同样重要。公司想要高效运营，员工必须各司其职。

快速发展的公司好比篮球队，顶级球队往往所有球员都有投篮得分的能力，这样队友才能够彼此依靠。你值得依靠吗？你是否意识到自己是团队中的一员？队友相信你的控球能力吗？你会按照战术在关键时刻出现在正确的位置上吗？

只有意识到自己在团队中，并且有能力承担起自身责任的成员才称得上可靠。人人各司其职、不必为队友掉队而分心，团队才能集中精力实施战略。员工彼此尊重，且职责明确，集体的力量才远大于个体力量之和。西门子公司（Siemens）的 CEO 彼得 · 罗旭德（Peter Loscher）在担任高中和大学排球队队长时懂得了这个道理。

罗旭德说：“球队队长的责任说到底就是激发队友的最佳状态，而不是带队做战术配合或体能训练，普通的球队与卓越的球队之间的区别通常在于心态。观看精彩的体育赛事时你总会发现有那么一刻，某支球队突然如有神助，所向披靡，那样的时刻总会引起我的关注，不禁产生疑问：他们是怎么做到的？

“经商的基本原则是信任。一家企业或者一个团队实际上就是一群人朝着某个共同的目标迈进，如何才能让每一位员工都愿意为他人付出呢？对彼此的信任是最坚固的基石。作为领导者，除了自己发挥出最佳状态之外，还得设法让团队更加出色。”

尽忠职守，强势“控位”

大致说来，所有曾与你共事的人或许都可以被分成两大类：有些人言出必行值得依靠，他们邮件回复及时，工作跟踪仔细，不会忽略任何一个细节；另一类人则往往不让人放心，你要时时操心他们的工作，担心他们临阵逃脱。而实际上第二类人危害的不仅你一个，整个组织都因为他们浪费了巨大精力和时间，为应对这种局面，许多公司都奉行一条简单的规矩：员工必须说到做到。

都市美容品牌 Carol’s Daughter 总裁史蒂夫·斯托特就提到，言出必行是他们的一条核心价值观。在此，他阐释了其重要性：“或许是个性使然，性格直爽的我总是希望员工说到做到，言而无信只会加重同事的负担。公司运营很像一个手拉手游戏，假如有人没能完成规定动作，会影响整个组织，而我们公司还没有强大到可以随时承受那些错误。即便是大公司，即使员工失职带来的损失不会及时显现，其危害也会积攒下来在某一个时刻爆发，破坏性反而更大。小公司虽然灵活，但挑战在于风险承担能力弱，一人失职，全公司受害。”

关于员工各司其职的重要性，科技公司 MetricStream 的 CEO 谢莱·阿尔尚博有个形象的比喻——谁在控球？

阿尔尚博说：“在篮球场上，当别人把控球权交给你之后，你就要掌控下面的比赛了，这意味着你成为赛场的主导。所以说弄明白谁拿到了球很重要。假如你参加了一场会议，沟通过程愉快而顺畅，会议结束众人离去，那么最终谁拿到了球？为了确保事情顺利完成，当然要有人担当主导。另外，球是你主动抢来的还是别人丢来的也是两回事，作为领导者，你必须主动抢球。”

红酒销售网站品酒屋(TastingRoom.com)前 CEO 蒂姆 · 布赫(Tim Bucher）也认为信任对初创企业的发展意义重大，其实他的真知灼见对成熟大企业同样适用。布赫说：“对初创企业而言，最重要的领导力工具之一就是信任，这是我在每次公司会议上都会反复强调的重要信息。在录用新的管理者时我会对他们说，‘自你加入我们公司之日起，我便会对你绝对信任。我相信你定会以你认为的合理方式做好分内工作，我将全力支持你的工作和决定。我对你的信任会始终如一，直到信任破碎，但我希望它永不破碎。’

“崇尚信任理念的公司会飞快发展，尤其是那些全员信奉并执行的企业。如果公司全体员工都采用信任彼此的工作方式，影响力会十分强大，因为公司里的所有人都将互为后盾。”

信任源自对对方的可靠性、诚信度、能力的认可，其中可靠性是关键，假如员工言出必行，信任自然会累积，最终推动团队紧密合作和公司的快速发展。

远离“天才混蛋”

信息安全企业赛门铁克（Symantec）前 CEO 恩里克 · 塞勒姆（Enrique Salem）初次接触团队合作始于其担任高中足球队长的经历。

“高中最后一学期我担任校足球队队长，一开始我们老老实实地按照教练的指令踢球，但因为我对足球的强烈热爱，我还会另外抽时间观看比赛录像，研究总结战术。有一次，在教练要求打防守战时我擅自改变了战术，战术奏效后我不免有些得意，但很快教练就把我换下了，他说‘等你想按我的要求打时你才可以重新上场’。于是我只好默默地坐在板凳上看比赛，一两个回合之后我懂了，于是再次请缨上场。从那以后我开始铭记这个道理——谁有指挥权，你就必须听谁的。

“比赛结束后，教练再次与我谈起此事，他说：‘我知道你热爱比赛，也知道你懂如何获胜，但你必须明白当我在指挥的时候有自己的一套战术规划，我比你更了解赛场上的局势，因为我在场外，而你身在其中，你不应怀疑我的判断。’管理公司的过程中，领导者常会遇到这类情形：你从整体考量做出的决策得不到某个团队成员的理解，他误会你、反驳你甚至背弃你，但实际上他也并无恶意，只是他掌握的信息没有你更全面罢了。

“我有一份资料，题目是‘我所有的职业教训’，第一条便是‘出门前核对一下你的目标和身份’。据我的第一位上司所说，人之所以成为领导者，靠的不是职位，而是共同的目标和团队的成员积极的思考力。我也相信，仅仅关注自我、不懂得与他人合作的人不可能做出像样的事情。个人的能力和成就固然重要，但领导者更重要的使命是促进团队协作，激发同伴追求目标的热情。”

在招聘员工时，很多公司都懂得要剔除那些不懂团队协作、工作积极性不高的人。数码行销公司 Big Spaceship 的 CEO 麦克·莱伯维茨（Michael Lebowitz）表示，为建立起一套对“摇滚明星”零容忍的企业文化，他耗费了巨大精力。

“公司发展过程中，我得到的最大教训或许就是不要雇用混蛋，就算是天才混蛋也不能用。实际上，在公司规模还很小的时候我就意识到了这一点，因为初创企业的优势就是那种积极向上的氛围，所以寻找合作伙伴时我明白，如果某人总是表现消极，那么无论他多么才华横溢也不能帮助团队成长，而哪怕专业技能只排到第四位的候选人，如果认真负责乐观向上，他在团队中创造的价值也不容小觑。从那时起，我便开始对那些所谓的摇滚情怀持警惕之心。

“总有些人在面试时讲得头头是道，把自己打造得光鲜亮丽，然而真正投入工作之后只会令同事苦不堪言。我们的一生中至少 1/3 的时间在工作，所以工作内容、环境最好是我们乐意接受的，倘若你不能从工作中获得丝毫快乐，那相当危险，这种危险还会蔓延开来影响到其他人。

“我记得有个家伙，极有天赋，可以说是我见过的最好的设计师之一，但性情乖戾。我们都知道，无论设计师的创意多么出彩，作品如何优秀，他最主要的职责是满足客户的需求，但那家伙无法忍受这种约束。虽然才华出众，但他缺少广告设计师必备的专业心态，他入错了行。他时常与我争辩，而我基本就是容忍，甚至默许鼓励，其他设计师渐渐有些愤愤不平，他们想不通我为何一再退让，一再无视客户需求。回想起来，当时我大概就像捧摇滚明星一样惯着那位天才。多次以后，我终于意识到这样下去公司氛围将向叛逆、散乱倾斜，那不是我想要的结果。最终摇滚青年被辞退了，我们公司也再没聘用过类似的人物，他们简直是团队合作的‘毒药’。”

美国梅菲尔德贵族置业顾问有限公司（MayfieldGentry Realty Advisors）CEO 昌西 · C. 梅菲尔德（Chauncey C. Mayfield）早年的职场经历让他决心创建一种工作高于自我的公司文化。

“一走进那家公司，你仿佛就能看到人人手里都握着一根大棒，他们脑袋里想的全都是如何把对方打倒。其实我挺能适合那样的工作环境，但最终我选择了离开。工作必须得有乐趣，我不想让办公室变成一个压力锅。假如你在工作中找不到一丁点儿乐趣，何必浪费时间呢？乐趣来自规则。如果你坦承某项工作以你个人之力无法完成，公司不仅不会惩罚你反而会让其他同事帮助你，那你便收获了快乐；而如果你不遵守团队合作的原则，不及时求助，导致事情最后搞砸，责难当然紧随而至。

“每个人都有擅长与不擅长的领域，有些公司的问题就在于没有把合适的员工放到合适的位置上，没有做到人尽其才，才尽其用。被放在不恰当位置的员工总会担心业绩考评不达标，担心自己的奖金缩水，他们忧心忡忡、无所适从、不能专心工作，最终业绩果然糟糕，奖金泡汤，升职无望。**员工整天心不在焉、焦虑烦躁，归根结底是工作氛围出了错，是领导者不称职。**

“必须有团队合作的精神。首先，我们得选出最佳团队领袖。很多时候，最佳团队领袖并非公司最资深的员工。团队的目标是赢，赢得客户，赢得市场，所以一切要以获胜的能力为标准，资历尚浅但实力卓越的员工也可以带领资深员工。

“这个环节中，员工要认清自我，应尊重上级的任务分配，即便接到的任务你不喜欢。毫无疑问，大家都头脑聪明、智力超群，但我们是否聪明到能够将自我暂放一旁？在聘用员工时，我会一再确认面试者是否愿意担任团队配角，并明示他会扮演配角很长一段时间。假如他能，那么他或许就是我们要找的伙伴。”

家具电商 Wayfair.com 时代 CEO 尼拉杰 · 沙赫（Niraj Shah）的某位上司传授过他坚持团队为先的秘诀，即便在决策遭到反对的时候。“我 12 年前的一位上司对我影响极深，他的管理理念和技巧相当惊人。他在任何时候都十分清楚自己该怎么做，不论管理公司、打造团队还是开展业务，他都直觉精准。有一件事我印象尤其深刻。公司某位高管提报了一个我认为毫无价值的计划，执行那样的计划令我相当沮丧，我认为那完全是浪费时间。于是我找到我的上司向他反馈这件事，我认为他会认同我的观点，于是滔滔不绝地分析那项计划如何不切实际，并说我们会在花掉大笔资金之后一无所获。那位上司耐心听完我的控诉之后，轻轻地关上办公室门，认真地对我说，'你得支持他，支持他的计划。'我惊讶地反问他原因。

"他说我应该有团队意识，我可以持不同意见，也可以与那位高管争辩，但一旦做出决定，我就应该支持对方。如果团队中出现了不合作的队员，他就应该被踢出局，因为他不可能帮助大家取得成功。所谓团队就是要步调一致，朝着同一目标迈进。"

美国电信公司AT&T首席技术官约翰·多诺万(John Donovan)说，自从他抛弃个人名誉之累后，自己的工作方法发生了巨大转变。

"当时我意识到，人们嘉奖的是你努力之后的结果，而非你在团队中扮演的角色，因此我试着弱化个人的名誉之心，并将自己的能力转化为团队的力量。我认为我抓住了团队合作的微妙之处，包括如何组建团队。

"假如你的公司里人人都在围着名利转，领导者就必须小心了，因为是时候做出重大革新了。真正领悟到团队精神的人会像我当时一样，不为自己的荣誉和得失斤斤计较，而是将集体利益、共同目标放在首位。"

顶尖团队的四块基石

假如公司领导者及其高管团队希望所有员工高效合作、各司其职，他们自己必须先做出表率。很多 CEO 在展开团队合作之前，选择花大量时间深化彼此的信任和理解。

加州南湾印刷公司（Tiny Prints）的联合创始人兼首席经营官程美真 (Laura Ching) 回忆起公司初创之时她和两位合伙人的共事细节："我们中有人从商学院毕业已达四年之久，有人拥有大公司供职背景，大家都对创业抱着极大的信心和欲望。我们求胜心切，热情洋溢，一心想要做点了不起的事情，但我们也隐约感觉到应该创建某种文化纽带，因为曾经各自为战的结果并不理想。实际上，我们也十分明确新公司的定位，我们拥有共通的价值观。于是每周三晚上，我们三个人挤在狭小的公寓里，啃着墨西哥卷饼，激情四射地讨论各种疯狂的主意，这种状况维持了差不多六个月的时间。

"我们不知道创业的结果会怎样，但我们真的开始做了，拟定合伙人协议，厘清彼此的期许，规定承诺兑现时间，制定合作规则……虽然设立了合约，但我认为诚实和坦率才是我们合作创业的基石。刚开始的时候我们就是率性而为，想做就做，至于事情究竟有无意义根本不在考虑范围之内。我们没有业务计划，我们说得最多的一句话是，'行，那么所有权归谁？'我很开心我们最终成功了，虽然过程曲折、状况百出，但基本上所有事情都在掌控之中。因为当每个人都客观公正不夹带私心时，达成一致的意见就容易很多。"

纽约风投公司 StarVest 的主要合伙人黛博拉·法林顿（Deborah Farrington）和她的联合创始人也经历过类似的过程。

法林顿说："公司是我们三位女士和另外一位男士共同组建的，创业动力来自于以往那些令人恐惧、压抑的工作经历。我们四个人分别来自投资银行、私募基金和风投公司，都有专业背景，所以当新公司取得成绩时，大家总是争先恐后地表示是自己的功劳，要求最大回馈。实际上，我们创业的目的是成立一家建立彼此尊重、讲究道义的公司，我们聘请员工的原则之一就是拒绝混球，那是我们惨痛的职场教训。

“我们希望打造一种成就和结果至上，而非职称、薪水至上的企业文化，我们厌恶办公室政治，我们希望每位员工都愿意表达意见，而所有的建议都得到聆听。我们的愿景很美好，也制定了一系列规则，但我们四位合伙人自己却食言了。在公司成立不久的 1998 年，我们决定向领导力咨询顾问求助。咨询顾问首先让我们了解彼此做事、互动的方式和风格，比如有人考虑问题只设定四种可能，非常果决简单；有人则会将 A 方案到 Z 方案迅速过一遍，然后找出最恰当的一个；也有人会居于前两种状况之间。通过这种分析，我们四位合伙人确实更了解彼此，然后咨询顾问帮我们拟定了共同决策时需遵守的基本原则，以保证顺畅交流和信息的准确传达。其中一条原则是，每次决策会议中，每个人都至少有 3 分钟的意见发表时间，接着才开始正式的讨论，最后的决策结果由投票决定。”

除了自主创业的 CEO 分享了信任与理解在办公室里的重要性，卡莉尔 · M. 斯特恩（Caryl M. Stern）也讲述了自己接任联合国儿童基金会（UNICEF）美国分会的 CEO 后，建立团队合作文化的过程。

“组建团队的过程非常有趣，是我一生中最美好的时光。我曾在曼哈顿维尔学院教授领导力开发课程，因此担任联合国儿童基金会美国分会 CEO 相当于将我的学术经验付诸实践。我会成功吗？我真的能打造一支崇尚合作精神的团队吗？事实证明，我做到了，我现在带领的这个队伍比以往任何一个我合作过的团队都要优秀。

“我们并非一开始就如此。我们决心成为富有社会号召力和影响力的非营利组织，但不得其法，于是我们求助于培训师。培训师给我们的第一条建议是把组织的价值观列出来，并一一执行。我们在杂志封面上刊登大幅高管集体照，并立下宏志——5 年后成为年度慈善机构。接下来我们开始思考若要达成这个愿望，需要做哪些工作，取得怎样的业绩，员工心理需要做怎样的转变，管理者如何带领业已改变的团队。确定目标固然重要，但更重要的是找到达成目标的途径。

“我们的培训师除了集体教授课程之外还提供单独辅导，他带着我们系统学习了开展团队合作的过程。如今我们整个团队已能紧密合作，因而团队的力量远大于个体力量之和。现在我的办公桌前出现了以前从没出现过的对话，‘我们部门的确需要这笔资金，不过我想你们部门应该更需要它，所以我打算为你们让路’。我不是在描绘什么乌托邦，我们的团队里也充满竞争，但成员之间彼此信任、情谊满满。

“了解彼此需要时间，但这是开展团队合作的前提。假如某件事情对我意义非凡，对你无关紧要，那我们最好能协商出恰当的对策。然而在实际的管理活动中，了解彼此、和平协商的环节常常被忽略，所以有些人开会时迟到，有些人准时出现，最终导致时间浪费，进而不欢而散。观念如此不对等的团队怎么可能把工作做到极致？最好的解决方法就是大家坐下来冷静商谈一下，沟通彼此的需求，找出能平衡各方利益的方案。”

瑞典斯堪斯卡建筑公司美国分公司（Skanska USA Building）总裁比尔·弗莱明（Bill Flemming）也聘请了一位辅导师帮助公司高管提升团队合作效率。

“团队合作是企业的核心，公司运营不是个人竞技项目。也许有些领导者会有些孤傲任性，对我来说，团队才更重要。担任总裁的头几年我就对高层管理者的领导能力予以关注，我知道卓越的领导力能使团队目标更加一致，让团队力量更加强大。在提升领导力的团队建设中，我明确表示我不是该项目的主导者，我是团队中的一员，帮助大家实现团队突破的另有其人。我们聘请了一位培训师来教我们如何更好地合作。

“培训师向每一个人发问，问题包括‘你为什么想成为这个团队的一员？’‘你为什么加入这家公司？’‘你来上班的意义是什么？’‘你的工作动力是什么？’‘你对同伴有何承诺？’类似为公司奋斗这种教条式的答案显然不是我们要的东西，每位成员都必须对团队做出个人承诺。这个过程有效地让大家团结起来，团队面貌焕然一新。”

威睿软件公司的 CEO 保罗 · 马瑞茨就高管团队的核心要素做了一个极为有趣的分析。马瑞茨认为团队如要高效合作，团队成员就要有集体意识。

“从来没有完美的领导者，这是我多年的经验总结。观察一下那些成功的团队你就会知道，他们的成员个个身有所长，糅合起来的力量保证了整个团队的高水平。虽说这样归纳过于简单化，但我还是认为顶尖团队至少要兼具四种个体不可能同时拥有的优秀品质，也就是说，以下四种成员是撑起一支顶尖团队不可或缺的中流砥柱。

“**第一，团队中会有一位战略家甚至幻想家**。他替团队设定前进的目标。**第二，一位严谨的管理者**。他的职责是全方位打理团队，确保所有人各司其职，以及合理分配任务并及时量化成绩。**第三，有一位一流的销售人员**。只有顾客愿意为我的产品掏腰包，我们的合作才有意义，有一位了解顾客所需的人十分重要。因为无法将公司战略与顾客的关注点有效对接而导致付诸东流的努力数不胜数，我们一定要提高警惕。**第四，需要一位强有力的执行者**。你需要有人来提醒大家不能再观望下去，是时候直面问题，采取实际措施了。

“这四种品质，我们极少在哪一个人身上发现两种以上，至少我从来没有。而真正优秀的团队在具备这四种品质之余，还能彼此尊重，扬长避短。作为团队成员，我们要有一定的谦卑之心和自知之明。我常常遇见一些陷入困境的人，他们因不能担负起战略家或者决策者的责任而痛苦不堪，实际上他们的错误不在于能力不足，而是对自己的定位不准确。优秀的团队成员清楚自己该扮演什么角色，知道自己何时登场贡献力量，何时退场以便同伴发挥作用。”

“我不是你们的妈妈”

你在很多企业都能听到这句话：我们是一家人。这是个很动人的概念，表明团队成员之间已超越同事关系，彼此照料，相互关心。

关注青少年健康问题的非营利组织英伍德豪斯公司（Inwood House）执行董事琳达·劳塞尔·布赖恩特（Linda Lausell Bryant）对团队成员的大家庭观念有很深的体会。

“我们的企业文化直接影响着我们的工作，因为我们的目的就是为青少年营造家庭的温馨氛围，因此我们的员工会反复强调一家人的观念。在某次全体会议上，我说实际上我们并非一家人，因为就算某人在家再不听话，他的父母也不会将他逐出家门，但作为公司，我们会解雇不守规矩、表现不合格的人，因为公司利益高于我们当中任何一人的利益。

“我告诉员工，描述我们最贴切的说法是‘我们是一支球队’。在球队当中，只有每位球员都在各自的位置上表现出最佳状态，球队才能获胜。球员与家人有一点不同，球员对自己的角色理解得更深刻，责任感也更强。在教练之位，就必须谋教练之政，球员不会藐视你的权威，不会憎恶你的指挥，因为他们理解那就是你的任务，同时他们也离不开你。

“但球队那一套在家庭里完全讲不通，家庭讲究的是影响力，父母绝对强势。我常看到某些人把自己当父母时独断专行的一面，或者孩子般软弱无力的一面展露在工作中，那是错把公司当家庭的后果。有时候我真的不得不对我的同事说，我不是你们的妈妈，我是公司的事业部总监，我有自己的工作要负责，也请你们做好自己的事情。”

第6章

理性对话：我们能谈谈这件事吗？

如果员工甲工作严重失职，作为管理者，你会勉强给他调整工作岗位，还是直率地说出“解雇”两个字？

如果员工乙向你报告同事的各种差错，作为领导者，你会暗中调查“原告”和“被告”，还是自己充当“法官”让双方当面对质？

对深得我心的员工，
我愿意以诚相待，
多鼓励支持，
期待他们更加优秀，
更早成功。

加州南湾印刷公司联合创始人
程美真

科技公司Conductor联合创始人兼CEO塞斯·贝斯梅特尼克（Seth Besmertnik）清楚地记得自己第一次管理员工时的情形："那并不太美好。23岁那年我创建了Conductor，第一次当领导者，迎来我人生中第一名下属，他是一名销售员。这位下属有些难缠，加上我匮乏的管理经验和技巧，最终我们不欢而散。过程是这样的，销售员在上班的第二个礼拜遇到一位加利福尼亚的潜在客户，客户表示只有下午6:00之后才有时间约谈，我这位销售员却跑来跟我讲他6:00之后没空，因为他要去健身房。我当时就气炸了，但那家伙理直气壮的样子让我没勇气说出他糟糕透了的话。

"我或许应该当场解雇那家伙，放到现在我肯定会这样做。但那之后的8个月，我依然没能给过那家伙任何建设性的反馈，直到公司其他员工向我反映他的工作出现重大错误。最终我开除他的时候，他怒不可遏。他完全有愤怒的理由，因为长久以来我从没帮助他改进过工作，他的错误实际上是我的失职。那位销售员相当于我的第一场实战管理考试，我完全不及格。"

有多少管理者比塞斯做得好呢？很多管理者都害怕坦诚地向下

属反馈意见，结果本该第一时间沟通处理的问题被拖延数月，问题越积越多，漏洞越来越大，员工业绩越来越糟糕，待一切难以挽回时，员工才第一次被提醒不合格，他们怨恨、愤怒、暴跳如雷，但无济于事。员工的痛苦传染给管理者，管理者越发不愿直截了当地指出员工的错误，恶性循环就此开始。

“人们总是逃避理性对话。”非营利组织哈莱姆儿童特区（Harlem Children’s Zone）的CEO杰弗里·卡纳达（Geoffrey Canada）说，“我常常问员工是否需要进行理性的对话，在这方面管理者要主动，同时要注意谈话的内容和方式，但多数管理者并未获得这方面的培训。我曾经以为回避理性对话是非营利组织的专利，因为大家都是志愿者，都是想无偿帮助他人，所以让管理者与员工展开严肃甚至冷酷的对话确实有些困难，然而接触过以营利为目的的公司之后，我发现他们的管理者竟然更加不善此道。

“有时候我觉得非常不可思议，让某些管理者说出诸如‘我很喜欢你，但你把事情搞砸了，所以你必须离开’的话竟如此之难。他们往往选择给失职的员工调整工作岗位，而不是说出‘解雇’两个字。我们公司干不起那样的事情，我们没有可以随便塞人的岗位。”

Conductor公司的塞斯指出，当积怨日深，好员工也有可能流失。

塞斯认为：“员工离职通常是因为他们遇到了不可忍受的问题，那往往是所有细碎的麻烦日积月累的结果。公司的问题越积越多，最后员工对管理者说，‘我打算走了，这是我的辞职信，两周后正式离职’。管理者这才想到询问工作出了什么问题，于是员工开始竹筒倒豆子似的滔滔不绝，对什么失望了，哪件事情公司处理不当了……或许解决那些问题在公司能力范围之内，但修复信任会花费太多时间。”

员工各司其职、彼此尊重的前提是，所有的人能坦率地交流甚至争论，能在误会化解之后仍敞开胸怀。很多 CEO 表示他们应该学习如何与员工理性交流，但他们也隐约意识到，那些员工通常不愿轻易说出的真实想法将会产生令人措手不及的后果。

当四目相对时

假如领导者想要手下的管理者和员工彼此坦诚，那就必须以身作则树立榜样。很多 CEO 认同这一观点，即检验领导力的方法很简单：他能否直视对方，给出自己坚决而直接的反馈？

塞斯说："作为一名管理者，我花了大量时间来克服不安情绪。当你充满信心的时候，你才有足够的安全感说出真实的想法，给员工的反馈才客观公正。想成为一名高效的管理者，做到有效沟通便已成功了 80%。"

程美真也谈到领导者明确的意见反馈有利于避免误解："从商学院毕业后我去了沃尔玛工作，在那里我第一次进入管理层，感觉充满挑战。在此之前我认为成为一名好上司并不难，因为我能轻易地挑出之前几位上司的毛病，他们的问题太显而易见了。然而亲自上阵之后，我发现要学的东西有很多。其中之一就是提出否定意见。我是那种见不得别人失望的人，无论是工作中还是生活中，我希望人人都开心。当了很长时间的'老好人'之后我终于意识到，第一时间给出否定反馈似乎才是解决问题的最好方法。

"我当时带领的那名员工工作表现整体来说还不错，但某些方面还有待改善，于是在给予肯定的时候，我也表达了一些建设性的批评意见。但事后的结果说明，她似乎只接收到了积极的评价，并没有认可我的否定意见。

“季度末我们做业绩考评时，她的业绩并不好，于是矛盾激化，那感觉真是糟透了。我不断地反问自己哪里做错了，为什么我们之间会出现如此大的分歧？事后我明白，我必须更明确、更自然地表达否定的看法，越是我器重的优秀下属，我越要以诚相待，帮助他们成长，让他们变得更加优秀。”

人与人之间的交流如此艰难，尤其涉及批评意见的时候，然而听从他人的建议往往能让我们更快、更有效地提升。

谷歌公司人力开发副总裁凯伦·梅（Karen May）培训过数百名高级管理者，是理性对话的受益者。她说：“作为培训师，我需要经常给培训对象提一些他们可能从未听过的意见，这相当困难。仅从人性层面来说，要直言对方的缺点的确很难，但我发现其实人们对逆耳忠言并不那么反感，因为大家都明白如果对自身的错误、短板无知无觉，改正、进步就无从说起。于是，我逐渐意识到，**我能给对方的最有价值的帮助，就是确切地告诉他别人从来没有告诉过他的意见。**”

博士伦公司（Bausch & Lomb）前 CEO 布伦特·桑德斯（Brent Saunders）初入职场便进入竞争激烈的咨询界，在那里他最先学到的经验是变得更加果断利落。

桑德斯回忆道：“我刚开始带团队时，总是在下属做得好时不吝夸奖，而当他们犯了错误时，我却想躲到桌子底下装作没有任何事发生。后来，我渐渐明白不直截了当地解决麻烦，小漏洞也会变得不可收拾，尤其像咨询这种以出卖人力和脑力为生的行业，客户按小时付费，客户问题迟迟得不到解决只会招致客户的厌恶。所以经历过几次失败之后，我开始明白我必须在最短的时间内解决问题，那样的处事风格伴随了我的整个职场生涯。”

英伍德豪斯公司执行董事长布莱恩特说：“大家都喜欢避重就轻，

这无可厚非，只是我会有意识地督促自己去主动处理冲突，这在工作中帮了我大忙。我喜欢发掘冲突之下的分歧，探寻产生矛盾的真实原因。这种直面冲突、主动处理矛盾的培训造就了现在的我，我始终感觉自己很擅长挖掘隐藏在表象之下的更原始的心理动机。”

布莱恩特接着说：“你不仅要尊重人们的需求，还得尊重他们的痛苦和脆弱。许多争斗都是因一些个人琐事而起，我很善于觉察员工在工作场所表现出的某些并未言明的需求。员工各有各的想法，管理者也一样，这构成了整间办公室的动态环境，我们所有人的思想彼此碰撞，冲突在所难免。但作为管理者，你要觉察到矛盾，并试着给予它们空间，稀释冲突，扑灭火花。虽然乌托邦遥不可及，冲突不可能完全消除，但因为大家的目的是工作，所以共同遵守的规则和相互认可的价值观会引导大家履行自己的职责。懂得这一点对管理者来说非常有用，假如员工也能了解那就更好了，因为这样他们也有可能站在全局的角度，明白管理者的良苦用心。”

负面评价是对员工最好的嘉奖

在普罗透斯数字医疗公司，CEO 安德鲁 · M. 汤普森专门组建了一支团队来推行公司的各种文化，包括教授员工如何有礼有节地沟通工作。汤普森的团队将羽毛球运动员“过网击球”的概念引入了培训工作，用以提醒员工遵从积极反馈的准则。

汤普森表示：“推行文化需要应对的一个挑战就是让员工明白坦诚交流、直言不讳的重要性。作为 CEO，参与团队管理是头等大事，而普罗透斯拥有一支相当庞大的管理团队，三四十人一起讨论问题我就能获得 50 多条反馈意见，同时因为大家都接受过沟通培训，他们反馈意见时往往能采用恰当的方式，这更加大了我取舍的难度。

“管理者必须让员工懂得直截了当地表达意见比迂回闪烁好，但也要注意不能‘过界’。给对方意见反馈时，你不能说‘你这样做是因为你不喜欢我’，正确的说法应该是‘你朝我大吼大叫的时候，让我觉得自己毫无价值’。

“**过界的意思是说，你已经不单单是在描述问题本身及其后果，而是开始指责对方动机不纯**。过了界就会引来无数麻烦，因为这相当于你在对着已然出现的问题琢磨甚至编造各种理由，这已经超越了积极反馈的范畴，而且那些理由很可能毫无依据。所以反馈意见与打羽毛球是一样的道理，你必须站在自己的场地和角度上。

“客观明确地表达自己的意见，会对不同的人产生不同的影响，有些员工会觉得这样太强势，有些则认为十分有效。部分原因在于，大家对我在做的事情以及我做这件事的原因的理解和接受程度有差异。管理公司人力资源系统非常复杂，尤其是公司发展到一定规模的时候，但做好人事统筹工作至关重要，它决定着公司的文化、竞争力、影响力以及未来命运。”

在 Conductor 公司，塞斯则采用另外一种策略，他会持续不断地给员工意见反馈。

塞斯称：“新员工都会得到一本苏珊·斯科特的《非常对话》（*Fierce Conversations*）以及我的一封亲笔信。我会在信上写道：‘每完成一次对话，人生就迈进了一步。假如你能掌握有效沟通的技巧，学会与人就棘手问题展开对话，那么工作中的多数问题便都解决了。’

“我的有效沟通的方法是在第一次与人合作时就明确表示我非常乐意给对方意见反馈，因为这是我的职责。这相当于给他们一种期望或者警示。当员工表现很棒时，我会写封邮件稍加鼓励和表扬，当我认为他还有待提高时，我会特意把他拉到一旁细细教导。养成这样的习惯并不难。

“管理者很长时间不给员工任何意见反馈，会间接导致各种隐而不显的糟糕问题，而且已经习惯没有任何意见反馈的员工一旦突然被指导，就会误认为自己犯了大错而惶惶不安，这些管理上的细节都值得注意。我们鼓励员工在想到什么的时候就说出来，别让想法溜走。”

神经领导力研究所的大卫·洛克表示，因为人们会本能地抵触他人的批评意见，所以自我批评也是一个能有效改进工作的方法。自我批评更加可控，同时不会感觉自己的重要性被削弱了。

“通常在向员工提出批评建议时，管理者可以预感到员工将会争辩，员工的肢体语言和表情暗示他们对负面反馈不以为然，这样的情况下，管理者会发现原本以为只需 5 分钟就结束的对话，最终花了 90 分钟。

“我们的研究表明，相较于他人的批评，自我反馈的成功率高达 75%，所以高明的管理者应该引导员工自我反馈。之所以自我反馈成功率更高，是因为这个过程中员工的自信心和被认同感不仅不会下降，反而会因为自己发现了问题而提升。

“假设你的某位员工刚搞砸了一场客户会议，作为领导者即使你客观公正地表示这场会议十分糟糕，并试图找出问题所在，员工也会因感觉到威胁而启动自我防御系统，可能会调动所有资源来为自己辩护，但假如你说‘你很聪明，工作非常努力，你一定为那场会议做过充分的准备，那我们下一步要怎么做？’这相当于为员工留足了改正的机会并保全了其尊严，同时能够引导员工积极反思这次的问题以及下次完善的方向。婉转引导的方式显然更有利于推进工作。”

安移通网络科技公司的多米尼克·奥尔也有自己独特的方法来完

成与员工的理性对话，即承认每个人都会偶尔犯傻。

“我希望员工能够理性、冷静、诚实，并暂时放下尊严。我明确地告诉下属，替我工作的条件之一就是脸皮必须厚，因为他没有那么多时间和精力来保持体面。我也告诉他们，每个人都可能偶尔犯傻。**许多公司之所以会出现办公室政治，正是因为某些人在夸夸其谈之后不得不花数周时间来填上当初夸下的海口，以捍卫所谓的尊严。**

“我会提醒团队管理者一个事实，那就是大家随时都有可能犯错，我最推崇的改正错误的方式是承认它、接受它然后继续工作。我自己在努力树立榜样，对尊严、权威性和面子看得极淡；我百无禁忌，欢迎各种意见和建议，员工可以在公共场合指出我的错误，虽然有时我也会争辩。如果我的员工不能对我客观、坦诚，那么我的整套管理理念和运营战略就会失效，所以我必须竭尽所能以身作则。”

奥尔详述了自己给员工提出批评意见的方法和过程：“有时是通过电子邮件，我通常以‘客观诚实时刻已经启动’为开头，然后会对他们明确施压，接着便是‘客观诚实时刻已经结束’，这是邮件的前半部分，后半部分则是日常的工作批复或交流。提出批评意见的关键在于绝对诚实。另外，我会尽量做到一对一交流，让员工明白我们不过是就事论事，所有的反馈都无关个人恩怨。”

有时候小幽默也能消除员工的戒备心理。品酒屋的蒂姆·布赫有时会借他已故的祖母来提出负面意见。

“假如员工工作不力，我绝不会说他很糟糕，坦率确实很重要，但我们可以采用更灵活地方式。我是这么做的，我会说，‘我觉得那件事让我祖母来做或许更省力些’，因为那的确是件很简单的事情。或者在下属告诉我完成某项目预计得花 4 个月时，我可能会回答，‘需要请我祖母来帮你吗？’员工十分清楚我供出祖母的意思是说他应该提高对自己的要求，我只是没有直截了当地说出来罢了。

“反向刺激不一定能激起员工奋斗的热情，但偶尔试试也无妨。结果证明，我的方法的确有效，预计 4 个月完成的项目先是被提前至 3 个月，最终只花了 2 个月。人性化的管理真的非常重要。”

如何批复“小报告”？

很多管理者都会面临这个问题：某位员工要求到你的办公室谈谈。关上门后，他开始事无巨细地抱怨某位同事工作上的差错，比如不尽心尽力或者拖了团队后腿等。

在那一刻，作为管理者，你有多种选择：你可以忽略对方的控诉，任其投诉的问题自行消失（这不太可能）；你也可以像侦探一样对原告和被告做调查，最终弄清楚谁是谁非（这会耗费大量的时间，甚至可能惹恼被告，加深原告被告之间的矛盾）。

高明的管理者会选择第三种解决之道：逼着员工自己沟通，让他们展开理性对话。水景设计公司(WET Design)CEO 马克·福勒(Mark Fuller）就属此类。

“起初我的做法是，无论什么时候什么人走进我的办公室指责另一个部门，我就会要求他把被告方一起叫过来，就像处理两个孩子打架的事情一样。然而，当所有人都挤在我的办公室里时，原告往往开始反悔，坦承或许自己有些小题大做。

“我见过不少这样的情景，CEO 端坐在办公桌后面，一副等着看角斗似的神情，那一点儿也不酷。恰当的做法应该是引导彼此理性对话，让他们自己找出解决问题的方案。”

网络存储服务商 SugarSync 前 CEO 劳拉·耶西斯（Laura Yecies）

处理员工纠纷、舒缓紧张气氛的方法较马克·福勒略有不同。“遇到员工起冲突时，我一般会问员工他认为问题出在哪里。举个例子，如果某位员工来向我控诉其他同事，我会心平气和地对他说，‘看来你不喜欢他们的做法。你觉得他们那样做，是真的认为那样可行，还是他们故意使坏阻碍项目顺利进行？’被问的员工总是会这样回答，‘哦，那倒不是，他们或许还不至于想完全搞砸这个项目’。然后我会建议他自己思考或者通过直接面谈的方式弄清楚被告方的动机。于是，这场纠纷便告一段落，而且再没被提起过。这种纠纷化解术我反复使用过很多次，绝大多数时候都达到了预想的效果，因为大部分员工最终都会承认对方也是想推行项目，只是在方法上产生了分歧。”

大西洋唱片集团（Atlantic Records Group）的首席运营官朱莉·格林瓦尔德（Julie Greenwald）表示她决不允许员工之间相互控诉。

“我告诫员工，别互相诋毁。任何试图向我打小报告的员工都会很快发现，这一套在我这里完全不管用。假如你不认同某人，又不直接告诉她，反而跑来跟我讲，那我会安排你们俩当面讲清楚。发现了问题，就一定要解决，如果员工找不到有效的处理办法，我随时愿意帮忙，但别幻想着扳倒别人自己上位，我们公司不欢迎办公室政治。”

有时员工会通过电子邮件控诉同事，不过一个斩钉截铁的回复便能将这种不正之风彻底扼杀。

卡尔弗特投资公司（Calvert Investments）的 CEO 芭芭拉·J. 克朗姆西耶克（Barbara J. Krumsiek）称：“我刚到卡尔弗特时，员工邮件控诉的现象非常普遍。这时候，我会直截了当地回复他们，‘我不会读这封邮件，因为你并未把它抄送给你所谈论的对象，等所有涉及对象都收到这封邮件时，我才会开始处理它’。结果我再也没有收到重发的邮件，那家伙并不愚蠢，他知道事情的严重性。”

希尔·霍利迪广告公司的 CEO 迈克·希恩坚信彻底解决问题的方法就是立下规矩，最大限度地消除办公室政治，让所有的冲突都对事不对人、不涉及个人恩怨。

希恩表示："我不奢求毫无冲突的工作氛围，但希望矛盾是因事而起。有时候你必须与员工进行更深入的交谈，如果发现冲突与工作相关，那便无伤大雅，然而实际情况往往没那么乐观，因为达成一致意见是展开工作的前提，由此可以推测出员工间的矛盾其实都与工作关系不大，都是因人而起，几乎都与办公室政治有关。"

"一致对外，因为敌人在公司之外"，这是希尔·霍利迪广告公司的创始人杰克·康纳斯（Jack Connors）树立的企业文化之一。康纳斯认为处理员工纠纷无需讲究民主，领导者必须强硬地做出决策，然后冷酷执行，因为敌人不在公司内部。

强硬、冷酷的管理和领导方法，实施起来确有难度，因为必定涉及令人不适和紧张的交谈，但从节省时间、避免烦扰、消除企业文化中的负能量的角度来说，或许没有比开诚布公和理性对话更高效的工具了，所以请试试这句简单的开场白——我们能谈谈这件事吗？

第 7 章

激情熄灭器：电子邮件

为什么你的邮件表述直接、态度友善，而收件人看了之后却怒气冲冲，火冒三丈？

为什么当面交谈 3 分钟就能解决的问题，员工一定要通过邮件你来我往地聊一上午，最终甚至让问题变得更复杂？

到了这种时候，
即便是任务分配和团队合作
的简单信息，也会在
电子邮件这种非面对面的
交流中丢失重要细节。

Carol’s Daughter 化妆品公司
总裁史蒂夫·斯托特

访问 200 多位 CEO 和其他领导者的过程，证实了我的一些猜想，比如公司价值观越精炼越好，因为有些 CEO 在详述他们的七条或者更多条价值观时，总会忘记其中的一两条，还有一位 CEO 借助自己的手机才完成了整个表述。

另一个被印证的猜想是，电子邮件会浇灭大家的工作激情。在访谈的过程中，电子邮件是个热点问题，俨然成了令领导者沮丧不已的罪魁祸首。虽说电子邮件在加速沟通方面有着明显的优势，但它同时也是危险的陷阱。电子邮件在传递信息中的不确定性与高失真度，常常会给组织带来灾难性的后果。

电子邮件的危害已经被许多人研究过，员工对电子邮件的危害应该更加深有体会，然而他们却一再犯同样的错误。

你是否遇到过这种情况？明明你的邮件表述坦诚、态度友善，而收件人看后却怒气冲冲，这不免让你怀疑他到底接收到了怎样的信息，于是你挠着头，重读一遍自己的邮件，确信自己的确写得非常清楚。然后你开始怨恨收件人，他竟如此误解你的初衷。你握拳压指，捋起袖子，蓄势待发，这一副大家走着瞧的架势显然只会让冲突升级。

关闭你的电子邮件

抄送功能有时只会添乱。当某位员工写电子邮件讨论某个问题时，全体参与者都会被来回抄送，突然间每一个人都开始站队投票，最后讨论就演变成两个派别分庭抗礼。

但我们也不能否认，电子邮件在传递简单的、事务性的信息，比如确定会议时间和发送文件时确实有自己的优势。

问题往往出在涉及情况稍显复杂的时候，比如某位员工比较敏感，或者邮件信息本身会让发件人的意图或语气被误读。当收到一封颇具分量的电子邮件时，人人都化身侦探，紧盯着屏幕一字一句地研究，努力发掘发件人“隐藏”于文字之下的真正意图：他为什么要抄送给那两个人？今天的表述比昨天那封简洁许多，出了什么问题？他那句话以什么语气和口吻在发问？当发件人的情绪不能通过网络传输过来，收件人自然会肆意揣测对方的心意。

电子邮件不仅对团队合作精神的培养起不到任何积极作用，还有可能形成低效能的企业文化，然而它的诱惑相当大，人们不断地掉入同一个陷阱，始终认为它是在短时间里完成大量工作的最佳途径。

很多领导者对电子邮件的危害了如指掌，他们鼓励员工少用电子邮件，多进行面对面的沟通。Carol’s Daughter 公司的总裁史蒂夫·斯托特这样教导员工：

“我希望他们都明白自己对身边的同事负有直接责任，彼此坦诚、紧密合作、顺畅沟通、保持一致非常重要。我立下规矩，员工必须开口与身边的同事交流，而不是通过电子邮件。电子邮件确实有利于提升工作效率，但制造的误解和麻烦数不胜数。

“我们必须挣脱电子邮件的束缚，打电话、直接走过去交谈等都比电子邮件更利于表达，因为说话的语气和神态有助于对方准确地理解你的信息，能够如实反映事情的紧急程度，传达说话人的意图。假如所有工作中的交流都通过无声的方式完成，很可能导致人心涣散，因为大家都在彼此猜测，到了这种时候，即便是任务分配和团队合作的简单交流，也会在电子邮件这种非面对面的沟通中流失重要信息。”

人道主义组织国际医疗队（International Medical Corps）CEO 南希·奥赛（Nancy Aossey）也要求她的员工尽量避免使用电子邮件交流，尤其是面对重大问题时：“我对电子邮件有许多明确的看法，毫无疑问，它是很出色的交流工具和信息分享途径。好处我们都知道，那我们来谈谈它的坏处。在解决争议的时候，你绝对不能使用电子邮件，因为对方感受不到你的语气和情绪。

“面对面沟通更有利于解决纠纷，并不是因为总有一方会妥协，而是因为**双方都可以看到彼此的反应，感受到对方的态度，事情的发展路径具有开放性，而在电子邮件中争辩往往是单线发展，必然要分出个输赢**。

“抄送功能是更危险的因素。假如另一位管理者把邮件同时抄送给自己的 5 名下属和我的 5 名下属，那讨论立马就变成了两个团队之间的斗争。管理者必须为自己的团队立下规矩，任何形式的拉帮结派和小团体主义都不能容忍，同时自己也要做好榜样。我们公司有硬性规定，不能用电子邮件处理争议事件。规矩不可能被所有人不折不扣地执行，但只要被我发现，我会严厉警告。”

走出办公室，面对面沟通

医药科技企业以色列机器人制造公司（Mazor Robotics）规定，

公司员工，尤其是不在同一间办公室里的员工不许通过电子邮件争论问题。CEO 奥里·哈多米（Ori Hadomi）认为："电子邮件是一种极其危险的沟通方式，好处很多，坏处也不少。当大家在电子邮件中发生争执时，每个人都会固执己见。因此我们规定，员工可以通过电子邮件表达观点和看法，回复中可以表示不认同，也可以严重反对，但两轮之后，请不要继续发电子邮件，这时你最好走到对方面前，或者拿起电话，抑或是打开视频与对方交流。比起电子邮件，直接对话能节省 90% 以上的时间。

"在电子邮件中表示反对，于问题的解决毫无益处，那根本不是沟通的正道，更不可能与对方达成一致。所以我们公司的交流要么是面谈，要么通过电话和视频。我想要看见对方的眼睛，尤其当我们意见不统一的时候。"

还有一条有关电子邮件的智慧法则。网络视频广告商 YuMe 公司前 CEO 迈克尔·马蒂厄（Michael Mathieu）说："和别人通电话的时候不要同时看电子邮件，那貌似在节省时间，其实是自欺欺人。如果和别人沟通的同时做别的事，你就会漏掉对话的细节。我试图劝告员工在接电话的时候不要碰电子邮件，不要做其他事，只认真倾听，用心表达，待谈话结束再继续手头的工作不迟。多数人喜欢边接电话边处理邮件，于是你就知道他们处理电子邮件时多么不用心了。"

对每一位热衷电子邮件、不愿腾出时间打电话的人，领英公司的杰夫·韦纳有几条简单的建议："和其他工具一样，电子邮件会引发怎样的反应完全取决于你怎么用。我注意到很重要的一点，就是如果你不想收那么多邮件，那就少发邮件。这是不证自明的真理。每当你发出一封电子邮件，接下去会发生什么？收到对方的回复，而后你又得针对该回复再次回复，如果中间涉及被抄送的同事，情况会变得更复杂，你收到和发出的邮件会更多。于是，信息误读的可能性提高了，这下不得不打电话交流了，你得把误会解释清楚，但你又无法同时打给所有人，因此你还得就为什么某些人没得到解释而澄清一番。

“所以在发送电子邮件之前，我会先确认清楚要发送给谁、抄送给谁，并让自己的每一个字都无比精准，努力在正确的时间将正确的信息传达给正确的人。假如你能完美地做到上述几条，电子邮件就是一个神奇的工具。”

美国音频产品制造商哈曼国际工业集团（Harman International Industries）总裁兼 CEO 包利华（Dinesh C. Paliwal）说，在杜绝办公室政治方面，少用电子邮件、多面对面沟通是一条重要途径。

“我们是家母体公司，也就是说公司有两位老板，这给公司政治提供了很大空间。因此在处理争议时，我会非常谨慎，常常追根溯源。我不是通过电话交流，而是趁一起吃饭的机会给员工做些指导，坦诚直接地给出一些如何与同事友好合作的建议，并鼓励他们面对面地沟通。我会鼓励下属多与对方打电话，展开更多的当面沟通与交流，并建议他们不要用电子邮件处理棘手的问题，因为那可能会导致严重误解，甚至灾难。”

印象笔记公司 CEO 菲尔·利宾也曾想方设法阻止员工通过电子邮件交流，以建立更好的沟通和协作。

菲尔说：“我希望在公司根除任何形式的‘电子邮件文化’，我们强烈抵制会导致大家争论不休的冗长的电子邮件。电子邮件简直一点好处都没有，而且还很容易让收件人误读。假如你需要与某人交流，即便隔着几个楼层，我还是希望你站起身去和他当面谈谈。”

利宾的建议简单而有力。通过电话或者当面交流，不仅能够避免误解，而且还能强化关系，建立同事间的信任感，这些都是打造高效企业文化的基本要素。在员工整天窝在卡位或办公室里盯着电脑的公司，很难产生创新精神。

品酒屋前 CEO 蒂姆·布赫说："员工在过道里交谈，在卡位大喊大叫，在彼此的办公室串来串去，这是个很好的现象，虽然确实有点吵。我也见过一些安静的公司，穿过走道的时候总以为是去了停尸房。一流的公司里，你会看得到员工之间的互动，而非只是管理者在演讲。另外，员工发表观点的时间也不局限于会议中。显然，大量的电子邮件和数字化交流在所难免，但员工聚在一起分工合作的机会和频率应当更高，即便争得面红耳赤。员工面对面交流是一家公司树立创新文化的前提。"

团队合作真的存在吗？这个问题的答案或许简单，但要想给出肯定的回答，领导者必须完成高效企业文化的几个基本要求：

◆ 拟订一份简洁有力的计划；
◆ 制定规则；
◆ 尊重员工；
◆ 培养员工的责任与担当意识；
◆ 鼓励员工表达不同意见；
◆ 拒绝电子邮件文化。

搭建起坚实的团队合作框架之后，领导者才能专注于培养和建立创新文化。

第 8 章

坚持不懈，不断沟通

青蛙设计公司总裁多琳·洛伦佐会在全体会议之后与所有员工进行一对一谈话，她说：“这当然会耗费时间，但我认为这是称职领导者的基本素质——认真倾听，适时调整。”

希尔顿全球酒店集团 CEO 克里斯托弗·纳塞塔表示：“我有 30 万名员工需要被指导，但显然我远没说够 30 万次，所以我不能认为已经讲得足够多了。”

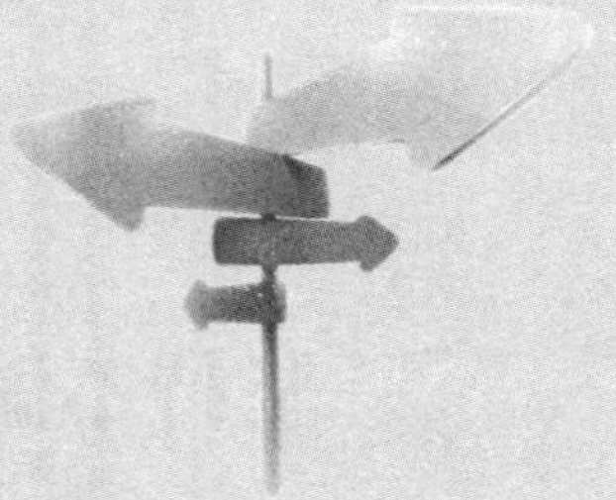

绝对不要让员工产生空虚感，
绝对不要，
那会使他们本能地认为
某些方面出了问题。

创新咨询公司华氏 212 公司的 CEO
杰奥夫·武莱塔

高管之路上时常充满着意料之外的波折和非同寻常的开端，纵观许多 CEO 的简历，有的当过英语教师，有的做过实验室科研人员，还有的曾任电影制片人。有过剧场工作背景的 CEO 表示，剧场是训练领导力的最佳基地。

“作为领导者，无论好消息还是坏消息，你都必须站出来迎接它。”联合国儿童基金会美国分会的卡莉尔 · M. 斯特恩说，“那种感觉与上台表演前一样，你得先做个深呼吸。”

公司和剧场的另一个相似之处是，领导者也必须对观众老生常谈。正如许多 CEO 将会向我们证明的那样，重要的观点和信息要反复传递，项目发展进程需与员工及时分享，且多多益善。很多领导者表示，他们逐渐明白必须为各种重复沟通留足时间，时间和沟通是打造企业文化的核心工具，有助于企业保持良好的发展势头。

希尔顿全球酒店集团 CEO 克里斯托弗 · J. 纳塞塔（Christopher J. Nassetta）表示：“大公司的领导者必须格外谨慎和耐心，因为你很快就会发现，就同一件事沟通太多次后，连自己都会懒得听。于是你改变表达方式，使用更简化的语言或手势，因为你实在说了太多遍，以至于都怀疑根本没人会愿意听，但实际上你不能停。就我自己来说，有30万名员工需要被指导，显然我远没说够30万次，所以我不能认为已经讲得足够多了。对我而言或许是老生常谈、明日黄花的新闻，对其他人来说或许不是，这是我在大公司工作中学到的重要一课。”

如何与300个爱因斯坦对话？

有着学术背景的领导者也表示管理企业时必须不停地与人沟通，比如宾夕法尼亚大学校长艾米·古德曼（Amy Gutmann）：“我渐渐明白，像宾大这种规模大到有31万名员工的组织，领导者必须做大量的沟通工作，且是对着一大帮人。当了宾大的校长之后，我的沟通能力比从前更强了。以前我觉得，某件事说一遍应该已经足够，就像优秀的作家写过某个题材之后便不会再去重复它一样，这无关自我剽窃，只是觉得重复是一件无聊乏味的事。但现在我不这样想，我的沟通量很大，覆盖面也很广。

“沟通渠道多种多样，如一起散步聊天，互发电子邮件，打电话，或者上门拜访等。我会随机走访员工的办公室，不是为了监督他们的工作，只想在他们出色完成任务时及时表示感谢和称赞，并趁机询问最令员工骄傲的事是什么。之所以这么问，一方面是因为我的确对他们的答案感兴趣；另一方面是为了检验价值观是否贯彻到了基层。”

马库斯·鲁从教授转投商界，成为软件开发Guidewire的CEO之后，不得不调整自己的沟通方式，尝试把主要观点简单化，并在工作中反复强调。

“我的母校学术氛围非常浓厚，因此我坚信文字和思想的力量。分析哲学领域有一种观点，认为只要你的论点足够强大，就能迫使他人认同。这是哲学家的职业甚至人生信念，也决定着他们的互动方式。然而，真实世界并非如此，人们往往有多种选择，他们可以选择忽视你的论点。尽管我们总说理性在工作中十分重要，但我渐渐认识到，理性在劝说他人方面起到的作用极其有限，诸如执着、真诚、守信，才是让人信服的关键因素，它们也是人们做出重大决策的主要原因。

“此外，我还意识到另一个问题，就是不管你的沟通对象多么聪明，沟通效果都与沟通对象的数量成反比，人数越多，接受的效果越差。你或许能同时让 10 个爱因斯坦听懂你的意思，但如果要面对两三百人，我建议你还是把他们当成普通人来沟通。受众越多，重点事项必须越少，信息也必须越单一。

“我很擅长写复杂精巧、长篇大论的电子邮件，那是我做教授时必需的技能，我现在仍旧写得很长，但传递信息已简洁许多。面向全公司的讲话，我也仅仅让内容简明扼要。员工想从领导者口中得到的主要信息就是未来很乐观，前景很光明。他们确实希望知道真相，但残酷的真相之后要有明亮的未来，比如我会这样跟他们描述，‘我们的确遇到了某些挑战，但完全在可控范围内，我会与你们一起共渡难关，我们将共同赢取从未取得过的胜利’。从某种层面上来说，乐观是你必须无时无刻传递的信息。”

美国女子篮球职业联赛 WNBA 的总裁劳雷尔·J. 里奇有一个形象的比喻来强调重复的重要性。

“我一次次地体会到，作为领导者拥有清晰的愿景并且时常向员工灌输是何等重要。我十分清楚公司的发展方向，也始终在学习如何与员工沟通。我渐渐觉得有些厌烦，因为那些愿景和规则对我来说已经非常熟悉了，但我明白如果想让团队中的每一个人都能如我一般了解公司的发展方向，我就必须像念咒语似的不停地宣传公司的愿景。

“有时候当我再一次说明‘这是我们的发展方向，这些是我们的优先处理事项’时，会发现很多员工都在开小差。我总说管理者的工作之一就是要让所有的兔子都待在一个盒子里。当你把所有兔子都赶到那个盒子里后，总会有人想出一个绝妙的主意，于是你倾尽全力地帮助他，等项目完成回来一看，已经有兔子跳到盒子外面了。盒子外面的兔子越多，说明我的沟通工作越不到位，我们对优先事项、重点领域的认知越需要统一。”

一对一交流，关照每一位员工

沟通需要花费时间，而时间是领导者最宝贵的财富。虽然沟通的收益看似无法估量，但我们都明白沟通必有回报。最负盛名的德国设计企业青蛙设计公司（Frog Design）的总裁多琳·洛伦佐（Doreen Lorenzo）在视察各个工作室时，会专门留出时间来与员工进行一对一的交谈。

多琳说：“我以为已经与员工沟通的足够多了，但他们总想要知道更多，因此我会不断地把最新情况通报给他们。员工通常都相当热情，因为通报涉及公司的一切。我会在公司全体会议之后到所有工作室巡视，为与员工展开一对一的对话创造机会。我会专门留出一天时间来对话，并提前做好计划，准备好问题。我会严肃以待，因为通过那种方式你可以学到非常多的东西。

“因为要进行如此繁复的工作，于是有人问我如何管理时间。是的，你必须做出调整。假如员工想单独与你谈谈某件事，而你们公司刚好有以人为本的民主传统，那么你必须听听对方的想法，这会耗费时间，但这是称职领导者的基本素质——认真倾听，适时调整，并让员工相信你的任何建议都有根有据，而不是信口开河。”

我问多琳，为什么她更倾向于一对一的交流而不是小范围的会议，后者有哪些具体好处？她说：“和五个人或者两个人同时交流会发生什么状况呢？总会有人比较大胆、更善于表达，他会成为这群人的头领或者代表，这原本无伤大雅，但那样你就不能了解其他员工准确的想法。

“在一对一交流中，你会收获各式各样的信息，知道每位员工的需求，甚至他们的个人生活状况。公司有很多员工都已为人父母，因此某些工作室专门设立了‘孩子日’，邀请员工的孩子来工作室做手工。我们一直想在公司里创造一种家园文化，‘孩子日’便是所做的尝试之一。这都是在与员工交流中得到的信息和启发，假如我高高在上，那我就不是一位称职的领导者。

“在一对一的交流中，我会直接问对方他想谈些什么，我能相当轻松地挑起话头，让员工主动讲。很多时候员工只是想要了解公司的愿景，尽管你已经讲过千遍万遍了，他们还是想听你亲自讲出来，想坐近了听你讲愿景。除了与世上的各种顶尖技术打交道，员工还需要和人沟通。想想这番情景，坐在我身边的员工也许刚刚结婚，也许刚有孩子，他们要交房贷，配偶或许正辞职在家照看小孩，他们肩负着各种责任，他们看着我仿佛在问，‘所以咱们公司会更好吧？’

“我很严肃地看待员工的期待，我要对他们的生计负责，要让每一位员工信心倍增，相信我们一定能闯过难关，一定会越来越好。实际上，我们确实顺利度过了很多段衰退期，每一位员工都专注于本职工作、竭尽全力做到最好。大家齐心协力把工作做到极致，尊重客户意见，与合作伙伴紧密协作，推出最棒的产品和服务，成功是必然会发生的事情。”

缝合信息断层

搜索引擎科技公司 Conductor 的塞斯·贝斯梅特尼克说，他与员工保持高频率沟通是因为员工实际上是公司的投资者，他们决定着自己的时间和精力的投放领域。

塞斯说："每隔 90 天，我们就会花上一整天来开会，与会人员包括全体员工，我们会详细回顾本季度的业绩、业务状况。我认为在分配自己的时间上，员工有很多选择。时间是他们最宝贵的财产，他们可以选择自己想投注的地方。

"员工选择为 Conductor 公司付出，我们感觉很幸运，但我们也知道这可能只是他们的一时之选，摆在他们眼前的选项十分丰富。因此就像公司的投资者和董事会一样，**在本质上，员工也是我们的股东**。公司应该视员工为股东，并回报以经常性的信息分享，让他们理解自己投资的价值所在，同时也让他们明白如何提升投资价值。当员工更明白公司运作的原理以及愿景实现的过程时，他们的目标感会更强，他们会更相信自己的领导者，团结他们的伙伴和同事，于是你会看到，你的员工工作越发积极，员工流动率降低了。"

社交媒体营销软件企业野火公司的维多利亚·兰瑟姆认为，领导者无需把自己当做通晓一切、始终掌控局面的全能者，在遇到困难时挺身而出直面挑战的简单行为有助于平息谣言、安抚员工的情绪。

兰瑟姆表示："随着公司规模的扩大，员工对我的了解越来越少，我逐渐意识到，我的一言一行都将产生巨大影响。于是你不能再信口开河，因为员工比你还当真。这样的结果好坏参半，坏处在于，遭遇挑战时，为了避免不必要的恐慌与猜测，你或许要在表达时略微含蓄；好处是，员工对我信任至深，我的决策、建议会被重视，即便有时它们并不成熟。起初我认为，我必须给员工问题的解决方案，但后来我意识到根本不需要。当困难降临，我唯一需要做的就是接受挑战，向员工展示我们的优势，告诉他们我们能行。我明白了尽快处理问题的重要性，因为一旦拖沓，员工便会开始猜测和议论。”

兰瑟姆的见解涉及一个极为重要的观点，即反复、彻底的沟通非常必要。面对空无一人的舞台，员工的想象会异常丰富，于是谣言四起，而如果领导者登上舞台反复表演，员工则会感受轻松自在。华氏 212 公司的杰奥夫 · 武莱塔非常认同这个观点，他认为：“一旦工作过程中出现信息断层，员工便会产生消极情绪，他会感到恐惧，会认为不好的事情将要发生，因此绝对不要让员工产生信息空虚感，那会使他们本能地认为某些方面出了问题。”

第9章

打造高效能管理者的四种路径

在打造最佳经理人的过程中，谷歌研究提出了“高效能领导者的八项行为”。然而为什么卓越的编程技术——这项最为谷歌看重的本领却不在八项要素之列？

为了让员工更恰当地“使用”自己，咨询公司 QuestBack 创始人伊瓦尔·克罗格鲁专门制作了“克罗格鲁使用手册”，这种开诚布公的态度会给合作带去怎样的冲击？

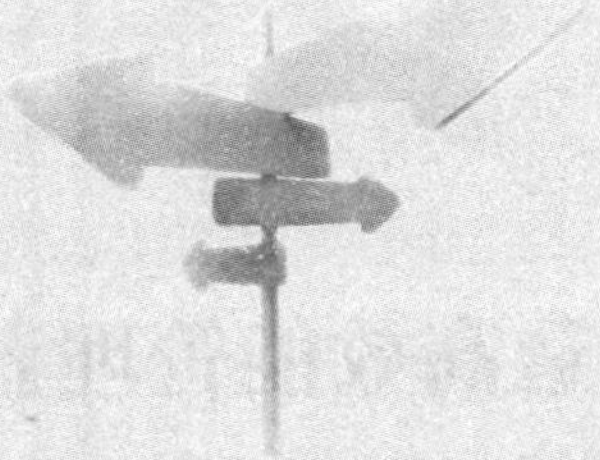

老板制造恐惧，领袖打造自信。

老板一味责难，领袖纠错修偏。

老板无所不知，领袖不耻下问。

老板令工作枯燥，领袖让工作有趣。

老板关心自己，领袖关注团队。

英国著名记者

罗素·尤因

2009 年年初，谷歌公司启动了一个代号为“氧气项目”的新计划，目标简单明确：打造最佳经理人。通过研究分析季度绩效考核数据，谷歌人力资源部门发现，员工对上司的评价意见存在剧烈波动，管理者对员工表现及其工作态度也影响巨大。

“氧气项目的理论基础是，我们认为公司最优秀的管理者所领导的团队往往表现更佳，稳定性更强，团队氛围也更愉悦。其中管理者的自身素质以及管理能力都是可控因素。”谷歌人力运营高级副总裁拉斯洛·博克（Laszlo Bock）说，“随即我们提出这样一个问题：假如每位管理者都非常优秀，又将是怎样一番景象？于是问题变成了怎么让管理者更优秀。”

氧气项目的启动对谷歌而言是个急剧的转变，尤其早些年，谷歌的管理模式十分简单——让员工各行其是，工程师各司其职。假如员工遇到问题，原则上他们会去向上司求助，后者是因为技术精湛而担当管理者角色，所以解决难题是他们的职责。然而随着公司的发展，早期模式的局限性日益明显，管理者出现人员断层，谷歌需要一种全新的方式来培训管理者，并对他们的工作进行考评。

氧气项目的研究人员从一万多名各行各业的管理者身上收集了上万条观测资料，并对其绩效、反馈调查和其他报告进行详细分析。随后他们又对这些评价资料进行编码，以寻找其中规律。随后，研究人员设计出一套管理者访谈体系，用来收集更多数据。项目的最后一步是对长达400多页的访谈记录进行编码与合成。氧气项目团队最终总结出一份清单，列明了高效能管理者的八项行为：

- 对团队愿景及战略有清晰规划；
- 能帮助员工进行职业提升；
- 果敢、有担当，工作富有成效且以结果为导向；
- 具备显著的专业技能，能够指导团队；
- 善于沟通、倾听团队成员的心声；
- 关心团队成员的成就与个人福利；
- 对团队授权，放弃事无巨细的管理方式；
- 是一名出色的教练。

起初，谷歌高层对这份清单多少有些不屑。他们的第一个反应是“就这样？”但后来，当公司开始根据这八项指标对管理者进行培训和考评时，公司发生了有意思的转变。

博克很快发现，卓越的编程技术这项公司原本最看重的管理能力，竟不在八项要素之内。研究结果显示，员工更看重那些能花时间与他们面对面交流的稳重大气的上司，在交流的过程中，上司并非简单地给出问题的答案，而是会用提问的方式与员工一同钻研问题，协助其解决，同时他们还会关心员工的生活和事业。

“在谷歌，我们一直认为，管理者尤其是偏工程的管理者，必须是专业技能不亚于下属的技术专家。”博克说，“但分析结果显示，我们一直错了，专业技术对管理者来说最无足轻重。单独来看，专业的编程技术很重要，但相比其他管理能力就显得苍白无力，建立沟通渠道、平易近人对管理者来说更为重要。”

高效能管理者的八项行为清单出炉之后，谷歌便开始将其作为一项工具应用于各类培训以及员工指导和绩效评价环节。博克表示：“效果立竿见影。数据表明，原本业绩居于末流的管理者当中，有 75% 的人管理素质得到了显著提升。”

经常与员工面谈，以个人名义关心员工，引导其自己解决问题而非一味地提供答案，这是谷歌公司发现的三项至关重要的优秀管理习惯。通过比较优秀管理者和蹩脚管理者对属下的影响，围绕管理者的根本任务打造管理模式和考评规范，任何组织和企业的管理能力都能得到提升，而管理能力的提升最终必将显现在公司发展上。

授权过度 vs 授权不足

管理的挑战在于找出与管理对象相处的时间平衡点，投入的时间太多，管理就会太细，投入时间太少，则又显得管理者过于冷漠。很多 CEO 都认识到了“定期介入”（Check- in）的意义，并分享了各自的经历。

“刚开始做管理的时候，我发现恰当授权很难。”StarVest 风险投资公司合伙人黛博拉·法林顿（Deborah Farrington）说，“我想多数人在刚开始担任领导岗位时都有这种情况，不是授权不足就是授权过度。一开始我便是授权不足。我觉得我需要了解过程中的任何事情，于是亲自做了大量本该由属下做的工作。我几乎一周 7 天、每天 24

小时都在工作。后来我开始意识到即便我拼命工作,也解决不了问题。

“因此我和下属面谈了一次，就各种目标达成了一致意见。但等到季度末我看到他们的工作汇报时，发现我又做错了，这次我授权过度了。再次调整之后，我发现每周介入一次非常必要，到这时我才算真正掌握了平衡授权的含义。”

很多领导者会把与下属面谈作为公司文化的一部分确立下来。

“我们鼓励管理者每周至少与直接下属面谈一次，给予意见反馈的同时也接收下属意见。”创博翻译公司（TransPerfect）联合 CEO 莉兹·埃尔廷（Liz Elting）说，“这种与直接下属每周一次的面谈，对公司里每一层级的每一位领导者与管理者而言都十分重要。

“这套谈话机制在公司成立几年之后便开始实施，通过交谈我们发现员工常常各有想法。员工也许会谈及自己不开心的事情或者私事，并不是所有的谈话内容都直接于工作有利，但我们认为花时间和精力面谈非常有必要。在员工数量庞大的公司，每个人事务繁杂、忙碌不堪的时候，彼此沟通就显得格外重要，我们需要同员工保持一种友好开放的关系，这有利于营造员工归属感，以免在他们离开公司时管理者仍不知道问题到底出在哪儿。”

灯具制造及销售公司 Bulbrite 公司的总裁凯茜·蔡说她从与自己健身教练的相处中意识到了与员工定期交流的重要性。

“每个月我都会与我的教练做一次两小时的一对一沟通，后来我把这种沟通方式沿用到企业内部，每个月我都会和下属进行一对一的交流。交流中我不允许他们做笔记,也不允许谈论手头正在做的项目。交谈的内容只涉及他们的人生或工作目标，以及我能提供哪些帮助，具体话题可针对特定的细节，也可以就个人问题展开。这一个小时的面谈没有任何既定议程，只是让他们谈论自己想要实现的目标。”

美国点评网站 Angie's List 联合创始人兼首席营销官（CMO）安吉·希克斯（Angie Hicks）分享了一条关于收集反馈的重要见解：“管理者必须特别关注与员工的交流。与人共事时，有些话即便你以为自己早已说过，也还是应该再说上两三遍。务必赞扬员工，给予他们反馈，因为他们接收到的你的反馈总比你自认为已经给予的要少。”

引导解决，而非提供答案

员工常常因为在现任岗位上表现出色而被提拔至管理岗位，领导者会期待他们能在管理岗位上也表现优异，然而，通常发生的事情是，助推其升至管理岗位的那项才能最终成为其正确管理下属的障碍。**技术出身的管理者必须学会抵制总想自己解决问题的诱惑。**

科技公司 MetricStream 的 CEO 谢莱·阿尔尚博会在定期召开的领导力讨论会上，专门提醒管理层注意“别当熊妈妈”。

阿尔尚博告诉管理人员：“当员工带着问题来求助时，不要毫不犹豫地给出解决方案。熊妈妈在照顾自己的幼崽时会竭尽全力提供庇护，但工作中那种方式无益于问题的解决。假如你不断地帮员工解决问题，他们自己就没有机会学习解决的方法，也就无法成长。面对员工的求助，管理者要做的第一件事就是把问题打回去，先了解他们的想法和解决方案。”

提问而不是给答案的方法已为诸多 CEO 所采用，这种下放责任的方式更有助于员工的成长和发展。

铁山公司前 CEO 鲍勃·布伦南称：“我常常在不同的情境下向员工提问。通过问题的答案，你能够切实感受到谁在努力推动公司发展，谁在冷眼观望。员工总是在提问题，假如他们已经认真思考过解决方案，那说明他们已经进入角色，他们想要提升，这时候管理者要帮他们释放潜能。而冷眼旁观的人通常会认为解决问题是管理者的责任。发现问题固然值得称赞，但对策才是重要的。”

斯堪斯卡建筑公司美国分公司的比尔·弗莱明采用的方法与布伦南类似。

弗莱明表示：“员工问我问题时，我通常不会直接回答，相反，我会反问他们打算怎么做。我希望员工明白，我不想他们只是发现问题，然后指望着我去解决，我希望他们在提出问题时，能告诉我建议的解决方案，然后我才能就你的答案给出反馈。我希望员工自己思考解决办法。‘我不想听问题，告诉我解决方案。’这句话我对员工讲过很多次。作为领导者我肯定会有自己的主意，但我希望员工能先形成自己的观点。

“很多公司的老板会包揽所有的决策，那不是领导者，那是老板。我不想当老板，而想当领导者。因此，我希望员工能帮我出谋划策，让我们共同解决问题。因为作为问题的当事人，员工所了解的信息或许远比我了解的多得多。我可以凭借自己的经验给你一些意见，给你一个不同的视角，但你比我更熟悉问题本身，所以我需要你的建议。英国记者罗素·尤因（Russell Ewing）有一段关于领导力的描述我非常认可，他说老板制造恐惧，领袖打造自信；老板一味责难，领袖纠错修偏；老板无所不知，领袖不耻下问；老板令工作枯燥，领袖让工作有趣；老板关心自己，领袖关注团队。”

金普顿酒店集团（Kimpton Hotels and Restaurants）的总裁兼首席运营官妮基·利昂达基斯（Niki Leondakis）认为，通过向员工提问，管理者可以让员工少些防御心理。

“我不会告诉提问者哪儿出了问题，哪里需要修正，我会问问题从何而来，现状如何，恶化下去会怎样？等我了解整个过程之后，我才能由提问转向指导，而不是恣意评价坐在对面、听你数落的员工，这只会令其惊恐不已。

“当我还是一个年轻的管理者时，不理想的结果会让我非常焦虑，我养成了一遇到问题就要立即处理的习惯，这种做法令员工颇感压力。因此后来我学会了先倾听问题，了解问题发生的缘由以及事情的来龙去脉之后，再寻找解决方案，这也令员工更信服于我，因为当员工感觉自己被误解时，很难耐心倾听并完全接受你的答案，自然也很难改善提升。”

入侵员工生活

一旦管理者与员工开始互动，开会就变得轻松简单，但很多领导者都表示，让员工感受到你对他们的关心，而非只关心他们的工作业绩，这一点很重要。

百胜餐饮集团（Yum Brands）CEO 大卫 · C. 诺瓦克（David C. Novak）认为，关心员工是他的领导基石。

诺瓦克说：“我认为一位优秀的领导者和教练，必须了解员工的优势和长处，帮助其提升，支持他们取得自己甚至从未想过的成就。要做到这一点，唯一的方法就是关心你的员工。你不关心他们，也就没人会关心你。只有你由衷地关心员工，他们才会拥护你。这相当于一种承诺，也是对员工的一种投资。

“除了积极关心员工，管理者也要给予员工直接反馈。员工渴望得到直接反馈，想知道自己做得是好还是坏，以及如何做得更好。然而，习惯给予直接反馈的领导者并不多。如果你真的关心员工，请你也积极地给出利于他们成长的建议。”

系列游戏《模拟人生》（*The Sims*）的设计师威尔·莱特（Will Wright）非常热衷于挖掘每位员工的“特殊口味”，以释放其激情。

莱特说：“我们的员工类型多样，包括艺术家、程序员、制片人等，他们的关注点不在于出色地完成工作，而是能否完美地应对职场上的压力与挑战，管理类似的下属，你就需要让他们知道，你分配的任务、给予的关注都是为了确保他们在一年后成为更优秀的艺术家或程序员，这样他们才会配合你的管理，达到双赢局面。于是，即便你对他们引以为傲的作品提出严厉的批评时，他们也会明白其中的价值而虚心接受。

“对很多员工来说，职位和薪酬并不是最重要的工作回报和身份象征，他们有自己独特的想法，有自己的职业愿景和发展规划。真正能打动员工的嘉奖深藏于他们的内心，这一点从与他们的交流中你就能感觉到。管理者应该花点时间探索员工的兴趣所在。通常人们体内都蕴藏着等待被激发和点燃的热情，只是需要被合理挖掘。

“用心去发现能让对方眼睛一亮、激动不已或是滔滔不绝的东西，这是与他人合作最重要的一点。假如你能捕捉到对方的闪光点，你便能够驾驭局面，能够对他们的工作产生巨大影响，让他们信赖你、认可你的目标，并愿意为你们共同的目标奋斗。对我而言，**管理的真正秘诀在于，探索和理解与你共事的每一个人的激情所在。**”

联合娱乐集团（United Entertainment Group）CEO 贾罗德·摩西（Jarrod Moses）说：“以个人名义关心员工有利于员工更投入地工作。发现员工工作不开心、无激情时，我会猜测其个人生活遇到了问题，于是我会跟对方来一场小型面谈，询问他们是否遇到了困难。管理者必须让员工知道，你能随时随地地为他们提供支持，无论是生活上还是工作中。我的很多时间都花在类似的私人交流上，我希望员工能从交谈中获益从而专心工作。管理者相当于球队的队长，你必须始终和球员待在一起，你必须扮演那个激励队友，令他们每天斗志昂扬地投入比赛的角色。”

编写“领导者使用手册”

除了提问、定期面谈、关心员工生活这三大秘诀外，高效管理的第四个秘诀——用户手册法——也通过与 CEO 的访谈慢慢浮出水面。

计算机和其他设备通常都会附带一本功能详尽的用户指南，提供一些技术知识以及故障排除建议。假如给每位员工都制作一本“使用指南”，清晰记载着其个人好恶、工作风格、可能的工作需求等，那么组织的运行是否会更顺畅？实际工作中，员工在合作之前确实要花不少时间来了解、适应彼此，如果大家根据经验把彼此的个人档案拼在一起形成一个“数据库”会怎样？

特蕾西·马图拉（Tracey Matura）说，她在担任梅赛德斯－奔驰美国公司 Smart 品牌总经理时，十分注重与下属坦诚沟通，在了解对方工作风格的同时也告知他们自己关注的重点。

特蕾西说：“在美国分公司我体会到打造合适队伍的重要性，也认识到工作中必须敞开心扉、彻底了解团队成员的工作方式。有些员工需要你在周一上班的头 5 分钟和他们聊聊周末的故事，而故事聊得是否开心将影响他一周的工作状态。如今我很关注员工的个人习惯，玛丽需要跟我聊 5 分钟，乔伊希望我让他跑会儿步，因为他差不多和我一样早上 6:00 就已起床处理电子邮件，所以他希望到了办公室之后能活动一下筋骨。

“我想我已掌握了让员工了解我的技巧，同样我也已经能够更好地了解他们。熟悉彼此的方法不见得非要刻意去学，毕竟我们都算是聪明人。假如我在上班时间跑步，并不是因为我想要与众不同或者不守规矩，我不过是在展现真实自我罢了。作为领导者，你最好掌握每一位员工喜欢的工作方式。管理者与团队伙伴相互了解非常重要。

“我必须澄清一点，我说的这种了解并不是说我每小时跑 15 公里时其他人也必须每小时跑 15 公里，员工需要在我按照自己的跑步习惯领跑时，毫不忌讳地说，‘嗨，你能跑慢点吗？因为我每小时只能跑 10 公里，你都快把我逼疯了’。我一直与员工有类似的沟通。员工曾说，‘还记得你说过我可以向你提意见吗？那我现在就提一个意见，你得跑慢点’。一进 Smart，我的目标就是打造直言不讳、沟通顺畅的团队。我会和每一位新加入的成员沟通，并且反复重申他随时可以提出意见。有些组织的领导者根本不向团队阐述自己内心的想法，而这种情况在我们的团队几乎没有出现。

“我也向员工明确承认，有时我会忘记有人想在开始工作之前聊上 5 分钟，但这并不代表我不关心他们的周末生活，也不是因为我不想透露我的生活，而是因为有时候我们都会回到自己的方式上。当我不去迁就他人的时候，当我选择当旁观者的时候，其实是员工了解我的机会。我会把需要员工理解的事情坦白地告诉他们，我希望他们知道事出有因，那就是真实的我。虽然我天生害羞，惹出了不少笑话，但我希望你能尊重真实的我，你可以对我直言，因为我是你的上司。”

有些领导者会明确告诉员工如何与他相处，以打消员工的顾虑。就员工要如何向自己反馈事情这个问题，美国女子篮球职业联赛的劳雷尔·J. 里奇立下了“三次原则”（Rule of Three）。

“我对员工说，我知道自己的管理风格有些强势，所以假如员工感觉自己被逼得太紧，可以直接告诉我。我向员工明确表示，我非常喜欢挑战。另外，我也知道我是个相当有主见的人，因此我立下规矩，假如员工坚信自己的观点正确，可以有三次机会来说服我。第一次他们来提出意见时，我或许会回答，‘这的确是个好主意，但我们不能这样做，因为……’假如他们强烈坚持自己的看法，他们会再次找我，此时我会说，‘我的确考虑过你们的方案，但我认为你们还不足以说服我。’接下来假如他们还不死心，还有最后一次机会来说服我。这就是我说的三次原则。

“之所以是三次，我是希望员工明白，不要因为我态度坚定便误以为自己不能来挑战我。我的说话方式确实很强势、很直接，这在很多员工眼里就像在下命令，‘行了，到此为止。按我说的办’，其实不然，我没有坚信我是对的。

“之所以立下‘三次原则’是因为我听到太多人事后抱怨：‘我们的确在坚持自己的观点，但你的态度也很明确，是你坚决否定了我们。’渐渐地，我意识到自己的工作作风让员工感觉到上司不能被挑战，尽管那不是我的本意。”

梅菲尔德贵族置业顾问有限公司 CEO 昌西 · C. 梅菲尔德说，他很早就学会了自如地向员工提问，这让他更好地了解到员工喜欢的工作方式：“小时候，我曾在爸爸的律师事务所打工。当客户在我空闲的时候来访，我会坐在大厅里和他们聊天。我对他们很好奇，会向他们提出一连串的问题：‘你做了什么？’‘你怎么会来这儿？’‘你想得到什么帮助？’几年下来，我渐渐掌握了与比我年长的人打交道的技巧。这种方式被我用在之后的管理中，如果某天我的助理怒气冲冲，而我又不知道是什么事情惹怒了她，我会对她说，‘你得明确告诉我，你希望我们的合作模式是怎样的，我不会替你想办法弄清楚你该如何配合我，但我了解我的需求，我希望你也能告诉我你的需求。”

Continuum 设计咨询公司 CEO 哈利·韦斯特（Harry West）说：“Continuum 有一套帮助员工更好地了解其他同事工作风格的系统。社交风格训练我们已开展了十多年。在创建沟通系统时，我们通过几份非常简单的调查问卷，来收集员工关于沟通风格的意见。我们要求每一个人都认真填写，然后把结果通过内部网络分享给所有人，我们想要员工明白，很多时候别人并非不认同你的意见，只不过是表达观点的方式不同而已。我们想厘清沟通风格和意见本身的关系，因为所有员工都应该将注意力放在问题和意见上，而非沟通风格上。

“我们公司员工的年龄、专业背景等跨度极大，年龄从 20 岁到 60 岁不等，专业领域涵盖设计、人类学、电子工程、软件、平面设计、法律、历史等，这就意味着沟通风格会有很大差异。因此我们必须先克服沟通差异才有可能聚焦问题本质。就提出问题的方式来说，有人喜欢开放式提问，而有人则会把问题缩小至‘是或者不是’这种选择题，但实际上他们想传递的是同一个意思。”

咨询公司 QuestBack 联合创始人伊瓦尔·克罗格鲁进一步升级了“员工手册”，他制作了自己独特的版本，以下便是克罗格鲁版“员工手册”的详细内容：

如何与我共事

——伊瓦尔·克罗格鲁德

致我们共同的愿景：

◆ 我有耐心，性情温和，平易近人。我喜欢坦诚直接的交流。你心里想什么，就对我说什么，不必遮遮掩掩。

◆ 我以目标为导向，但高度接纳多样性，乐于倾听不同意见。因此再次强调，你心里想什么，就对我说什么，不必担心会冒犯到我。

◆ 我随时欢迎各种意见，但希望你的确有自己的见解，并且已经对可能产生的影响有过通盘的考虑。

◆ 我高度信任他人。我愿意接受、信任人们最好的一面，我相信大家都会心怀善意。请我信赖的团队成员了解我的这个特点，假如你觉得我正带领团队驶向错误的航道，请你提醒我。

◆ 我喜欢再三考虑，我偏于谨慎、周密，所以有时在决策时我似乎慢半拍。决策慢通常是好事，能保证决策质量，但尽管如此还是要加一条：当你们感觉事态紧急时，请敦促我加快速度。

◆ 我不好意思制造冲突和对抗。受到挑战时，我有时很容易妥协迁就。我已意识到这一点，并且也在努力改变。请我信赖的团队成员帮助我。

◆ 我擅长团队合作，精于团队建设。与人合作团结一致达成目标，是我工作的动力之源。

如何运用以上特点：

理解我的特点并在与我合作的过程中加以运用。这并非一份详尽的清单，但应该能够替你节省一些了解我工作和行为习惯的时间。假如你认为还有其他的方面我应当添加进来，请及时向我反馈。

此致

伊瓦尔

伊瓦尔对自己的“使用手册”做了如下解释：“这份手册意义重大。我发现面对不同的共事伙伴，人们习惯使用同一种方式来与其相处、沟通、合作，但实际上人与人之间的差异非常大，将相同的方法使用在两个完全不同的人身上，你会得到两种截然不同的结果，因此了解团队伙伴是合作的前提和基础。

“我希望能缩短新人入职和团队成立之初的学习、适应过程。员工加入新的团队时，最惯常也最糟糕的做法是马上学习新工作以便尽快适应，但最终发现需要花费大量时间的却是了解原本并不熟悉的、拥有各种不同个性的新同事。实际上，正确开展新工作的顺序应该是先了解人，再进一步开展工作。”

谈到手册内容，伊瓦尔称：“使用手册中的某些想法源自我在挪威海军服役时的经历。当时的领导力训练课上，教授的正是关于如何了解自己，如何体察不同的人在不同环境下的差异反应。关于团队合作，我的问题是如何缩短团队成员了解彼此的过程，如何让团队合作更加高效顺畅。

“假如在新员工加入第一天，我就把这份‘使用手册’发给他，让他充分了解我的个性、做事方法以及我诚恳的态度，相信我们之间的合作就会变得不一样。在了解我的喜恶和本真之后，合作就简单多了。实践证明，拿到‘使用手册’时，员工都做出了积极的反应，在之后的共事过程中，他们表现得也非常积极。我想正是我开诚布公的态度让他们也敞开了心扉。事实上，他们没理由不敞开心扉，因为随着时间的推移，你迟早会了解员工的想法，既然是必然发生之事，为何不趁早进行以避免不必要的冲突呢？”

第 10 章

多渠道收集员工反馈

为什么员工在私下聊天时总能讲出各种点子和意见，而端坐在会议桌前却表情木然或低头沉默？

为解决此问题，A&E 电视网络公司会定期召开“圆桌会议”，慈善机构国际奥比斯组织创建了“实话实说区”，美国有线电视公司奖励、提拔在会议上与 CEO 唱反调的员工。

作为咨询顾问，我意识到，
你必须听听客户公司
基层员工的反馈，
从他们那里，
你将找到很多问题的答案。

金融产品开发商 Think Finance 公司
CEO 肯·里斯

领导者通常都是孤独的，他们面临的最大挑战之一就是了解公司真实的运行情况。毕竟，员工只想报喜不报忧："太棒了，老板，一切顺利！"对领导者而言，让员工坦诚相告一线正在发生的事情，鼓励全方位的信息反馈，是打造创新企业文化过程中面临的无止境的挑战之一。在第 6 章，CEO 们讨论了给予员工批评意见、保持理性对话的重要性，在本章 CEO 们将阐述收集员工反馈的策略，探讨如何提升领导力以及如何把控企业深层的管理问题。

手机服务网站 Foursquare 的 CEO 丹尼斯·克劳利会不定期地请员工喝咖啡，与他们谈谈自己该如何改进管理工作。

"随着公司的壮大，我有时会有与员工失联之感，于是我决定不定期地与员工喝咖啡，我会在上班时间约一位员工出去喝半个小时的咖啡，那样持续 6 周之后，与员工的沟通渠道便逐渐打开了。员工会意识到我处于开放状态，他们随时可以找我聊天谈谈他们面临的困难或挑战，交谈中我也总会主动引导他们提供信息反馈，比如：'我可以在哪些方面帮助你，以便你工作更轻松？''我能做点什么好让咱们公司发展更健康？'"

QuestBack的伊瓦尔·克罗格鲁德告诉员工，他其实是公司的“首席熨烫官”（Chief Ironing Officer），熨烫官的职责是在员工的畅所欲言中找出让团队合作更顺畅的措施，以便员工工作能够更加高效。

伊瓦尔说：“一家高速发展的公司很容易遭遇各种障碍，而行业的高频率更新迫使我们必须尽快解决问题。想在竞争中完美胜出，公司就必须发挥所有员工的优势，必须尽可能让员工遵循计划行事。倘若管理者任由员工陷入各种问题不能自拔，那么他们就不可能创造任何价值。

“管理者把自己当成首席熨烫官，有助于提升公司的管理水平。完善的管理系统一旦建成，后续的管理工作将大大简化，你只需花点时间把关重点项目、与员工聊一聊，听一听来自一线的反馈。”

渠道 1　让“旁观者”发言

金融产品开发商Think Finance公司CEO肯·里斯（Ken Rees）针对各级员工设立了名叫“与肯共享曲奇时光”的定期面谈会。

“作为咨询顾问，我知道你必须听听公司基层员工的反馈，从他们那里你可以找到很多问题的答案，因为他们处在与客户接触和互动的第一线。咨询顾问的很多工作都是高层管理者应当做的事，比如与各层级员工切实有效地沟通，并把收集的意见整合起来。作为CEO，我所采用的最核心的管理方法就是保持与各层级员工的顺畅沟通。在公司里，尤其是那些发展快速的公司里，死板的等级制度堪比杀手，它能在短期内让公司失去活力并淘汰出局。管理者必须深入公司内部，不断地清除阻隔在员工之间的各种横向或纵向的障碍。

“坦白讲，我的某些做事方式有些老套。每隔几周，我会举办一次‘与肯共享曲奇时光’的面谈会，召集公司各层级员工和管理者一起讨论公司内部运行情况。面谈会结束前我总会要求参与人员回答这个问题：你最喜欢和最厌烦公司哪一点？每次我都能收获至少一个值得关注的答案。”

A&E 电视网络公司 CEO 阿贝·雷文（Abbe Raven）会定期召开“雷文圆桌会议”。雷文说：“任 CEO 后我便开始推行雷文圆桌会议，因为尽管我们会格外关注新员工、刻意开通与新员工沟通的渠道，但老员工表达意见的途径呢？因此我决定与通常不大有机会一起用餐的员工一起吃早餐、午餐或者喝个下午茶。

“刚任 CEO 的时候，我会尽量多找员工谈话，开场的问题永远是‘假如我是公司外聘的 CEO，你是第一次与我见面，你愿意谈哪些话题？我们公司哪些地方需要改进，哪些方面可以保持？’现在假如我在过道遇上一位已入职三个月的新员工，我会问他，‘公司哪方面让你受益或者是你从前没有经历过的？你之前服务的公司是否有某些经验值得我们借鉴学习？’”

萨克斯百货公司的 CEO 斯蒂芬·萨多夫也认为新员工可能会就公司的运行现状提出自己未受干扰的新看法：“我认为最好的意见往往来自那些不墨守成规的员工。新员工入职第一天，我会要求他们在一个月内列出一份新工作清单，记录下他们初入公司时发现的问题、改进建议或者感想。清单内容、篇幅、质量好坏都不重要，我甚至会要求他们不必和其他同事谈及此事。

“员工只需列出清单，贴在卡位上或摆在显眼的位置，等到一个月结束，我会要求他们再看一遍清单。这时候他们或许会说‘现在我理解他们为什么那么做了’或者‘那个环节对我来说还是毫无意义’，于是我会与员工谈一谈，听取他们的建议，同时了解他们的成长情况。

我总能收获很多非常好的提议，管理系统中的大小问题通过新员工的眼睛得以暴露。”

eBay 公司的 CEO 约翰·多纳霍（John Donahoe）则利用离职面谈来收集员工对公司最真实的看法。

多纳霍说：“当中高层管理者申请离职时，我都会询问他们两个问题，第一个是，是否愿意明示三件我应该关注却最终忽略的事情？第二个问题，假如你是公司 CEO，你会开展哪些有别于目前的工作？

“我发现员工在离职时对问题的思考会更深入客观，因为他们已经算是局外人，他们的建议或者不满会惊人地直接。事实上，他们对公司的感情越深厚，那两个问题的答案通常会越尖锐。他们的有些见解极为深刻，且通常相当具有可操作性。”

在线零售商吉尔特集团（Gilt Groupe）副总裁苏珊·莱恩（Susan Lyne）收集员工的意见的方法被称之为“营业时间”，那是她从雅虎公司的 CEO 玛丽莎·梅耶尔处学来的方法。

莱恩在访谈中表示：“梅耶尔在担任雅虎 CEO 之前曾供职于谷歌，更早些时候她是大学教授，从那时起她就用定期‘开放营业’的方式来与学生沟通，梅耶尔说后来的工作经历证明，这的确是了解工程师内心真实想法的有效工具。所谓营业时间就是，领导者每周选择一个时间段专门对员工开放，大家可以一起喝咖啡或者散散步。现在我正努力保证每周‘营业’两小时，欢迎员工提前预订时间。

“事实上，这确实是挖掘员工内心想法和收集点子的好办法。找我预约的员工多得惊人，而且很多来自公司基层，有些人或许只想露个脸好引起我的注意，但更多人是真的有想法和意见。

“在管理一家公司时，领导者很难深入到各个层级，你最多会了解到你的直接下属的下一级，但开放‘营业时间’的方法为我和员工的交流打通了一条渠道，让那些只是在走廊或全体会议上见过我的员工也能与我直接对话，这相当于一套预警机制，让可能出现的问题及早被提出。”

以色列机器人制造公司的奥里·哈多米发现，指定某人扮演“魔鬼代言人”，有助于对抗会议中的一言堂现象。哈多米说：“在设定下一年的目标前，我们有个传统，即列出今年的五大罪状，并核查是否有重蹈覆辙的迹象，在了解近几年的状况之后，我们才开始为明年设定目标。

“我们发现，最明显、出现次数最多的错误是我们常常过于乐观。在激励员工、展望未来的时候，积极正面十分重要，但在设计战略计划的时候过度乐观只会为后续执行过程埋下隐患。为避免产生不良后果，在设定年度目标时，我们会指派一名高层扮演魔鬼的代言人。

“魔鬼代言人的工作极具挑战性，要懂得如何提出合适的问题，在恰当的时机警告我们最好保持低调稳健的作风。今年制定目标时，魔鬼代言人是负责国际市场的销售副总裁，平时那家伙一副不着边际的样子，但事实上他的思维方式十分硬朗和挑剔，意见往往独具建设性。某些领导力卓越的领导者的痛脚之一，便是在规划和设定目标时太过乐观积极，而魔鬼代言人正好弥补了这种缺陷。”

渠道 2　开放式提问：假如……

美联实业有限公司总裁安迪·米尔斯创建了一套“升级”系统，该系统为高层管理者提供了分析问题的一线视角。

米尔斯表示：“我对员工讲，指出问题的症结与提供解决方案是两种工作态度，发现问题确实是履行工作职责的一种方式，但那并不是唯一的答案，仅仅知道问题的症结不能解决问题，无益于业务发展，就像如实地告诉客户我们无法如期交货一样，真正解决问题的方法是不管对方要什么，你都能帮对方实现，那才算是彻底履行了你的职责。

“提出解决方案相当于指出问题症结的升级版，我希望员工能以更高的要求开展工作。在销售领域，升级的意思是说，当客户需要某样东西时，销售人员就要想方设法满足，如果自己解决不了，那就升级到主管，依此类推。实际上，我们公司 9 000 多名员工当中，能对客户的要求给出否定答复的人屈指可数。升级的目的不只是更好地满足客户，在内部管理上也有其重要意义——让所有管理层都了解到事情的整个过程，避免信息遗漏。

“我很乐意接到下属的求救电话，事实上我确实处理了不少棘手问题。帮助员工解决问题时，管理者可能会发现之前被忽略的行业蓝海或弊病，因此，当某个需求出现时，管理者要认真思考自己的经营方式是否需要改变，是否应该尝试一下未曾涉足的领域？即便最终的答案是我们要坚持自己，我想你的下属也会希望得到一个解释，而不是简单的否决。”

消除员工的防备心理，引导他们直陈己见，为公司发展出谋划策是一门管理艺术，这里再介绍一些其他 CEO 采用的方法。

卡尔弗特投资公司 CEO 芭芭拉·克朗姆西耶克说：“我的高管教练传授给我一些让员工快速适应新角色的方法。他建议我让每一位高管回答这个问题，‘向我描述一个除你自己的岗位之外另一个非常关键的岗位’。这个问题确实对打造团队极为有益。在卡尔弗特投资公司的最初几年，我还常向员工提这样的要求——告诉我一件我应该知道却还不知道的公司内部正在发生的事情。”

美国教材租赁网站巨头 Chegg 公司的 CEO 丹·罗森斯威格（Dan

Rosensweig）会问员工：“假如你来做我的工作，除了给自己更多的假期和更高的收入之外，你会着手做的第一件我们目前还没有做的事情是什么？”

罗森斯威格表示，自己会通过主动提问来了解员工的想法，问题包括：你需要我在哪些方面提供更多支持？我的哪些举动会带给你困扰？哪方面我做得还不够？诸如此类的沟通让他与员工的关系变得轻松自如许多。

慈善机构国际奥比斯组织(Orbis International)的 CEO 芭芭拉·德布奥诺（Barbara DeBuono）采用了一种机灵的方法来营造对话氛围，让员工敞开心扉。她说：“奥比斯的大量员工都和我有过这样的对话，我问他是否认为我们是一家优秀的公司，或者他们心目中优秀的公司是怎样的，抛出问题之后我便不再说话，等着他们给我答案。这是我启动对话的方式，其关键在于坦率。

“这样的对话很有意思，我很快就发现办公室里的气氛变了。我不是用简单的萝卜加大棒的方式，我不会说‘我们要成为一家优秀的公司，要完成以下五件事情……’我的说法会稍有不同，例如‘你愿意加入这个团队吗？假如愿意，那么按照你的理解，优秀的公司应该具备哪些条件？’虽然只是表达方式的微小调整，但我真的看到了员工在言行上的一些变化。很多员工会用‘这是崭新的开始’来代替之前那句‘那是我们一贯的做法’，因为他们知道我不喜欢听后面这句话。因此有时他们会向我道歉，他们会解释说，‘我只是在向你陈述过去我们的做法，但那并不代表以后我们还必须那样做。’他们愿意解释清楚也是一种变化对吧？起码我看到了进步。”

医药企业安进公司（Amgen）的前 CEO 凯文·沙雷尔（Kevin Sharer）在刚进入公司时曾问过员工五个问题：

◆ 你希望我们一如既往地坚持做下去的三件事是什么？

◆ 你希望改变的三件事是什么？

◆ 你希望公司的 CEO 做些什么？

◆ 你最不希望 CEO 做什么？

◆ 你还有别的想要讨论的话题吗？

沙雷尔说：“我和职位排名前 150 位的员工做了一对一沟通，每人一小时。在谈话之前，我会建议他们把话题和问题做成书面文档，以便我看得更清楚。谈话过程中我会用心倾听，并做非常详尽的笔记。在即将就任 CEO 时我将所有问答整合起来写了一份概要，内容包括员工的回复和我自己的思考，并根据前两者列出了优先事项清单。那 150 位员工与我交流时热情而诚恳的态度也让我更好地了解了公司的高层。”

杰弗瑞·卡纳达也用类似的方法为哈莱姆儿童特区营造了坦诚、透明的文化，他表示员工应当毫不犹豫地指出问题而不是袖手旁观。

卡纳达说：“哈莱姆儿童特区里有 11 000 名孩子要照顾，只有采用更高效更精益的方式，我们才能更好地完成工作，所以我告诉高管团队，暴露问题后寻求帮助和支持一点儿也不丢脸，别人绝不会因为你的求助而给你贴上负面的标签。同时，我希望高管能够以身作则，积极主动地让员工真切感受到暴露问题不会被惩罚。”

渠道 3　用实际行动说话：为员工的错误买单

亚瑟新风采基金会（Usher's New Look Foundation）总裁肖恩·H. 威尔逊（Shawn H. Wilson）创立了一个简洁的说法，确保员工坦诚相待。威尔逊说:“几年前我便开始向员工灌输‘实话实说区’(No-spin Zone)这个概念。我要求员工一旦进入我的办公室就必须实话实说,因为这里是实话实说区,他必须尊重规则。在其他公司我见识过员工隐瞒、推诿的恶果,所以发现这种状况开始在我们公司滋生时,我便提醒大家不找借口、不隐藏问题,实事求是地找出问题核心与根源才是最重要的。自从大家开始直面问题之后,我明显地感觉到公司文化发生了变化。”

斯泰特森衣帽公司(Stetson)CEO 帕梅拉·菲尔兹(Pamela Fields)向员工承诺她会为他们的任何错误买单,作为回报员工要全心全意支持她,对她毫不隐瞒。

菲尔兹总结出的教训是:“让员工敢于讲真话,为他们营造重视真话的环境非常重要。讲真话需要勇气,尤其在大企业,模糊处理已成为一种惯用的政治技巧,但这不是处理问题的唯一方式,视问题为机遇、想尽一切办法将其处理好才是解决麻烦的正途。

“员工都知道我跟他们属于同一个阵营,我是他们坚实的后盾。出了问题,责任在我;做成项目,功劳归他们。我想这是我能够提供给员工的最重要的东西。但我也告诉员工,假如他们在我任期内犯下太多错误,那么毫无疑问在我卸任之后他们的去留将不再由我掌控,所以尽管允许犯错,他们还是要谨慎行事。我始终支持员工,我会随时冲上火线帮助他们,我会将责任一肩扛起,但请对我忠实坦诚。

“我也让员工明白,假如他们认为我错了,他们可以来向我指明问题,那是我喜欢的合作方式。我不排斥员工对我说‘那想法蠢到家了,正确的做法是这样的……,因为……’假如一家公司里这样的对话经常发生,那它无疑是成功的。我不能保证我每次都会认同反对者,承认自己蠢笨无能,但没有恐惧的环境正是高效工作之所需。我还告诉员工，我不喜欢惊喜，不要拿突发事件来袭击我，请时刻与我保持顺畅沟通，就算事情搞砸了，问题在我而不是你们。这的确让员工放松了许多。我这套做法听着或许陈腐老套，但它真的管用。”

安诺析思国际咨询公司（Analysis Group）CEO 玛莎 · S. 塞缪尔森（Martha S. Samuelson）通过以身作则的方式鼓励员工毫无顾虑地提出问题。

塞缪尔森说：“我为员工树立了直言不讳的榜样，之所以能做到这一点，很大程度上是受了其他公司创始人的影响，他们包容开明的态度让我感觉很安全，即便我明确提出他们的某项决策不太妥当、自己的某个任务没完成。于是我将那种态度借用到我们公司，我希望员工带着问题来找我，主动与我讨论公司的发展。我向员工传递的信息是，假如他们对我坦承错误，自己便不会惹祸上身。

“我想要打造的是一家员工提出问题甚至否决意见时，能感觉到安全的公司，粉饰太平的行为，就如同为手臂上那个还扎着片玻璃的地方贴创可贴，很明显无益于伤口愈合，因为玻璃还在里面，我希望大家能帮我以及他们自己把那片玻璃取出来。”

渠道 4　直面“故障”，鼓励质疑

手机服务网站 Foursquare 的 CEO 丹尼斯 · 克劳利在与员工讨论问题时会以“公司出现了故障”做开场白，首先承认问题的存在，表明了会议的主题是解决问题。

“我们曾教导员工，有时我们需要保持批判的态度，正面响应批评，与负面批评共存才是健康的工作环境。同时，我告诫员工，问题要公开提出，而不是私下谈论。这两条要求有效地促进了公司轻松快速地发展，并维持着小公司的氛围。

“作为公司管理者，我对公司的定位抱有相当的批判态度和自知之明。一旦觉察到公司出现故障，我们便会一起讨论对策，假如我们原本的决策是基于 10 名员工做出的，但随着业务发展，现在又新增了 5 名成员，那表示之前的做法已不再奏效，于是我们会及时讨论制订适合 15 人的计划，但这不是说我们就可以高枕无忧了，因为员工规模还会再次变更，新的问题还会陆续出现，管理者不能有片刻松懈。在直面故障方面，Foursquare 的做法非常透明。

“团队太过庞大、考评太过复杂等问题都可以利用各种各样的方式进行优化调节。意识到某些地方出现了故障，抑或之前的方法不再有效，员工要及时反馈，管理者要随时纠正。因为我们知道自己不完美，明白公司运营的过程中出现问题实属正常，所以在做出改变的时候不会尴尬或难堪，当员工指出公司的弊病时，管理者的反应也不会太糟糕。”

商业社交网络服务商 Yammer 的 CEO 大卫·萨克斯也表示他们鼓励质疑。

萨克斯说：“任何员工都可以向我发问，与我辩论，即便不熟悉环境的新员工也可以就某些方面与我讨论。初创企业的文化总体而言非常民主，这正是 Yammer 吸引优秀员工的法宝。你必须营造一种让员工愿意留下来的文化氛围，因此你要尽力让员工自由表达，让他们感觉到自己在公司发展之路上不可或缺，同时要避免那些会阻碍员工释放激情和能量的条条框框与等级制度。

“创建一种注重质疑的企业文化十分必要。一家公司有没有质疑的文化，一踏进公司大门就能识别出来。假如大家总能达成共识而无所质疑，那就要提高警惕了，一定是某个地方出了问题，因为任何一个人类群体总应该存在质疑，人与人之间总有意见不一致的时候。缺少质疑的声音就意味着公司文化已完全转向，这里成了某个人独裁专断的一言堂。

“管理者必须不断征询下属的意见，是否认同我们的前进方向？我们的战略是否正确？哪些发展趋势太反常？在这些方面管理者必须刨根问底。Yammer 鼓励员工畅所欲言，鼓励他们就任何事情发表自己的见解，公司从来不会认为工程师没有对客户服务问题发表意见的权利。我们正在努力打造一种清晰的主导权文化，保证每一个领域都有一位主导者，没有权责不清的领域。员工之所以能适应公司的质疑文化，原因之一就是各自的职责非常清晰。

“在聚拢人心统一步调方面我做了大量工作，差不多每个季度我都会向高层管理者传达一次对战略的思考，每个月我们都会选一个周五下班的时间，由高管团队回答公司任何一名员工的问题。员工的问题可以在线提交或者匿名提交，员工也可以投票选出他们最希望被回答的问题，一般来说高管团队会对员工的任何需求给出回应。”

美国有线电视公司自由传媒集团（Liberty Media）CEO 格雷戈里 · B. 马菲（Gregory B. Maffei）认为，奖励员工在公共会议上提出与管理者相左的见解，相当于发出一个清晰的信号，即公司喜欢员工勇于表达自己的想法。

“很多公司都在变得更加透明、更加开放，老板至高无上、不能被质疑的情况越来越少，这是好现象。保持开诚布公很重要，我们公司每季度都会进行一场非常坦诚的交流，员工可以就任何问题自由发问，因为他们是公司的一分子，他们对公司任何信息都有知情权。

“无论公司规模大小，员工都能够真切感受到公司的对话机制是否完善。员工愿意与 CEO 交流，提出问题并讨论改进方案是一种令人舒适的文化，过多的礼节和崇敬只会阻碍思想的顺畅交流。要保证交流渠道通畅，管理者首先要言行一致。在与所有员工开会时，我会总结本季度里我们做对了哪些事情，做错了哪些事情，我会指出哪些方式有利于早日达成目标，哪些手段则在阻碍公司发展，所有的是非曲直我都直言不讳。另外，要鼓励员工提出尖锐的问题。

“公司全体会议上，我通常会让至少两位员工提问，他们的问题往往比较棘手，但我仍然会称赞他们说‘能提出这种问题的员工才真正称职’。团队中总有一些眼光锐利的家伙，他们非常擅长发问，于是我会引导他们说‘大伙儿都已经完全了解这方面的问题了吗？有需要的同事可以自由发问’。几次之后员工便知道他们确实有发言权。尽管会遇到难题，但管理者只要竭尽所能给他们一个直截了当的翔实回答就可以了。

“管理者要对员工的想法给予及时赞扬，务必让员工感觉到你对他们贡献的意见心存感激。你可以在公开场合这样说，‘我同意艾伯特的建议，他是对的，让我们按他说的方法做。’在自由传媒集团，有位主管挑战起我来比其他任何一个人都厉害，我非常尊重他的意见，他也乐此不疲地贡献观点。他是我担任 CEO 后第一个提拔的人。其他主管甚至开玩笑说，早知道打击 CEO 才是升迁之道，他们之前也应该那样做。”

第 11 章

学无止境，抹去公司与学校的界限

众所周知，想提高团队效能就必须权责明确，员工各司其职，但为什么有机食品公司海恩时富集团 CEO 欧文 · 西蒙却正努力让员工职责划分得不那么清楚？

谷歌公司人力开发副总裁凯伦 · 梅告诫我们：即便反响强烈，培训也不该占用太多工作时间，因为只有在解决问题的能力不足时，培训才是正确的选择。

优秀的领导者
也是一名好老师。

捷蓝航空公司 CEO
戴维·巴格

学生时期，我们在学校学到的知识和技能帮助我们成为有用而高效的员工。对于多数人而言，当完成目标和追赶工作进度成为人生的重要内容时，正式教育也就告一段落，但实际上，工作之后的成长仍然不可缺少，学习新技能、练就新本领、保持旺盛精力是优秀员工永远的追求。要做到这一点，方法之一就是**抹去学校和工作之间的界限。**

很多领导者明白，可以继续学习的环境有助于留住最出色的员工，单调重复的工作会很快磨灭员工的热情，让他们对工作产生厌倦。

埃森哲公司（Accenture）前总裁兼 CEO 威廉 · D. 格林（William D. Green）在访谈中谈到："稍微调查一下你就会发现，对目前的工作心生厌倦是最为普遍的离职原因。高效能员工天生就是学习者，只要有学习提升的空间，他们就不会选择跳槽。开始考虑离职，开始接听猎头的电话，是员工不再学习的前兆和结果。一家公司想要在当今的经济环境下保持卓越，就必须拥护持续学习的理念。与有上进心的学习者共事，你的工作也更容易取得成功，这个道理也适用于公司。**乐于学习、渴望进步还是安于现状、原地踏步是企业界中赢家和输家的根本区别。**问题的关键在于，你如何找到有上进心的学习者？

“埃森哲坚守的原则之一是成功者都是不断寻求帮助的人。这句话说起来简单，但要让全公司人员都相信求助是一种强大而非软弱，比想象中要艰难得多。”

打造有上进心的学习文化，这是许多 CEO 面临的新一轮挑战。

轮岗，将员工拽出舒适区

在很多公司，领导者鼓励员工轮换不同的工作岗位，这有利于员工打破舒适区，保持积极的工作干劲。水景设计公司 CEO 马克·福勒就实践过这种做法。

福勒称：“我们公司常常有员工轮换岗位，这虽然让人心绪不宁，毕竟人人都喜欢舒适的状态，但我们必须逼迫自己进步，连原始人都懂得在墙壁上画几头漂亮猛犸象好让山洞更完美，作为现代人我们没有理由偷懒。团队的多数核心成员都曾脚踏实地地负责过多种工作。世界因变化而发展，我的部分工作就是挑起事端让大家动起来。”

所谓挑起事端就是让所有员工除了能妥善完成自己的工作，还具备消化、理解、胜任同事工作的能力。正如福勒所说：“在更换岗位之前，我们会给员工进行一场持续 6 周的密集训练。我们的前台接待员不仅能应付接待客人的工作，同时也是焊接能手，因为他们都在机械车间待过 1 ~ 2 周。我们的员工都明白，目前的工作以及未来的工作都不是永久性的任务，所以大家都有机会承担棘手的或者轻松的工作，这实际上是对员工换位思考能力的训练，他们有了真正理解他人工作难处的机会。”

大西洋唱片集团的首席运营官朱莉·格林瓦尔德从音乐界的底层做起，对于丰富的工作经历带来的好处，她有着切身体会。因此她也希望员工明白轮换岗位对自己成长的重要性。

在访谈中，格林瓦尔德回忆了自己一步步成长的过程：“职场旅途的第一站我遇到了里奥·科恩（Lyor Cohen），开始了在拉什管理公司（Rush Management）的工作。实际上，我与拉什管理公司格格不入，因为我对公司的主营方向（嘻哈和饶舌音乐）一窍不通。但我还是成了里奥的助理，我甚至连张办公桌都没有。里奥总是在打电话，喋喋不休、大叫大骂，我负责替他安排行程，联系歌手等。一般情况下，都是他让我做什么我就做什么，但他常常会给我安排一些不可思议的、几乎不可能完成的任务。

“后来我被调到 Def Jam 唱片公司，进了推广部门。Def Jam 唱片公司的推广部门简直一团糟，所有工作都杂乱无序，于是我召集同事帮忙把我的工作好好梳理了一遍。很快，我成了推广部的经理，但里奥又让我去管营销部门，我说我对营销工作完全不了解，里奥回答说‘边做边学’。营销部之后是影像部门，里奥依然嘱咐我‘边做边学’。再后来，他又在我毫无心理准备的情况下把财务、预算和艺术部门交给我打理，Def Jam 唱片公司的所有部门都曾是我学习的地方。

“在 Def Jam 的经历教会了我一点：**让员工去学习其他人的工作，切身体会他人工作的细微之处以及艰难程度，是管理者能为公司和员工做得最有益的事情**。轮换岗位之后，员工间的相互尊重和信任会提升到一个全新的境界。每位员工都必须对其他任何人的工作有或多或少的了解，他们无需亲手去做，但必须去真实感受，这是彼此尊重、通力合作的必要前提。”

有机食品公司海恩时富集团 CEO 欧文·西蒙说，他正努力让员工职责划分得不那么清楚。

西蒙这样阐释他的理论：“我发现员工都被放进了一个个盒子里，

贴上一张张标签——你做财务，他负责营销。但我不喜欢这样，我喜欢把营销人员拎出来放到财务的盒子里，或者反向操作。我相信把员工从原来的盒子里拎出来，让他们脱离舒适区，放到其他崭新的领域不管对员工自己还是公司都大有裨益。那是人生的一种成长方式，这相当于让员工看到更多令人激动的机会。我希望员工走出自己的世界，去看看另一个世界如何运转。我努力逼迫员工去观察和尝试新事物。我坚信一条，管理者必须逼迫员工，否则他们会太安于现状。”

Abt 联合咨询公司（Abt Associates）CEO 凯瑟琳·弗拉纳根（Kathleen Flanagan）表示，年轻员工会希望高频率地轮岗，公司必须掌握好平衡，在管控他们的期望的同时，提供他们所需的机会。

凯瑟琳称：“年轻一代显然比我这一辈人更希望快速轮岗，他们总是好奇自己还能做些什么，他们对长时间做同一件事情毫无耐心，下一个机会夺走了他们所有的好奇心。从高效工作的角度考虑，公司当然希望员工能在至少 6 个月或 12 个月内专注于同一项工作，但在这方面我会稍稍放松一些，我的目标是营造一种时机成熟便允许员工轮岗的文化。打造轮岗文化，要求管理者具备高超的领导能力和管理才能，必须在员工提出更换岗位时迅速做出判断与解释，在同意换岗的同时让员工更稳定，在否决提议时让对方心服口服并愿意回到原有岗位。简单粗暴地说要求员工在新岗位上干 3 年，只会把他们逼走。在人才之争日益激烈的今天，留住人才是公司的重中之重，管理者必须掌握让新一代员工持续成长、充满激情的方法。”

恰当培训，对症下药

很多公司会用心为员工设定各种正式和非正式的培训项目，它们知道除了必需的工作技能，帮助员工成长是公司的责任。

游戏程序设计商巴奇威尔公司的克里斯·达根说：“对于让员工在工作过程中保持成长和提升，我们做了很多工作。公司会对所有管理者做专门的管理培训，他们也可以申请参加外部的业内会议和培训，培训费由公司支付。每个月我们还会请各领域专家到公司为团队做演讲。我认为这些事情都是员工成长所需，是真正能够激励员工的因素。当员工意识到公司在真心实意地关心他们的成长时，我想这套培训机制会成为一种强有力的留人方式。”

Abt 联合咨询公司的凯瑟琳鼓励员工寻求外部视角，以保持不断学习进步。凯瑟琳的理念很大部分源自她早年的领导经历：“Abt 的前一任 CEO 是我进入这家企业的领路人，他是一位伟大的导师，是他告诉我‘制订计划的目的是成功,所有的计划都为最后的成功服务。执行计划的过程可以灵活，但计划必须有效。别为失败做打算’。

“他还告诉我，要始终让自己保持紧张状态，因为唯有那样，我才会不断学习，不断逼迫自己进步。在他的帮助下，我渐渐掌握了管理的技巧，他同时也给了我独立奋斗、自行决策的空间和自由，他从不替我做决策，我认为这十分重要。

“他之所以能从副总裁升任 CEO，关键在于他拥有一支让他自信满满的团队。以他为榜样，几年之后我建立了自己的团队，在很多方面，团队成员都比我高明得多，他们是各自领域的专家。我的导师教会我谦逊，让我知道我无需无所不知，让我懂得向他人求助的艺术。所以在做决策时，须先广泛征询团队的建议。

“我将自己学会的道理传授给团队成员，告诉他们要想方设法提升自己。引导员工从外部视角看待自己和公司的成长，是我最近几年力推的重头戏。每一位员工的目光都要朝向公司之外，尽量去和其他公司的同行交流沟通。我鼓励他们走出去，听取不同的观点，与不同的人交流。令人惊讶的是，其他公司的 CEO 竟与我有同样的做法，大家彼此分享、和谐沟通，尽管我们互为竞争对手。”

印象笔记公司的菲尔·利宾以军事培训为标准，规范了自己公司的培训流程。菲尔解释道：“受一位在核潜艇上服役的朋友的启发，最近我们公司成立了一个‘印象笔记指挥官培训项目’。我的朋友告诉我，要想在核潜艇上当指挥官，你必须能胜任潜艇上的每一项工作。那些技能都必须经过反复的培训和练习才能掌握，所以成为指挥官是一件非常了不起的事情。

“因此我想尝试在公司内也展开指挥官培训。培训属于自愿参加性质，但总有某些来自其他部门的员工加入进来，他们喜爱指挥官培训，他们甚至不仅是听，也积极提问并发表自己的观点。虽然指挥官培训反响热烈，但员工的单独培训一周不会超过两次，培训不应该占用过多时间。”

美国动物星球频道的总裁马乔里·卡普兰说，教授员工新技能是她让员工展现“最佳自我”的理念的一部分。卡普兰说：“我们要建立一个学习型组织。团队中有很多年轻人，他们都非常聪明，但在表达观点、更好展示自己方面有所欠缺。那我们何不在鼓励员工在表达自己意见的同时，让过程更有趣，功能更丰富呢？

“于是我决定给大家上一堂关于演示技巧的培训课，公认的擅长讲故事的员工担当老师，授课方式就是讲故事。这样做有几个原因：首先我们从事的就是讲故事的行业，因此我希望大家能认真思考故事；第二，讲故事让我们更加接近真实的自己。最会讲故事的人，往往是那些愿意本真待人的人。培训非常成功，老师传授的技巧发挥了效用，现在这些员工在会议上的表现较之从前已截然不同，他们的声音更加有力，陈述更加清晰，人也变得更为勇敢。”

数字效果营销品牌安布思沛公司（iProspect）CEO 罗伯特·J. 默里（Robert J. Murray）专门设立了员工学习论坛，并定期开办信息分享课。此外，默里还会召开管理层圆桌会议，让中高层管理者分享各自的故事，以便互相学习管理之道。

默里表示，每隔两周他都会召集年轻的管理者分享处理棘手问题的案例，他说：“我认为让管理者相互学习他人的管理之道一定会引起共鸣，于是在举办圆桌会议时鼓励大家各抒己见。或许有人会担心自己表现不好，但最后证明那只是杞人忧天，圆桌会议的目的是相互学习，而不是绩效评比。”

全球食品行业原料供应商宜瑞安公司（Ingredion）CEO 依莲·戈登（Ilene Gordon）针对公司里年轻而有巨大潜力的管理者设立了一项年度活动，即让他们向董事会做简短的年度述职，让管理者在总结工作的同时训练表达能力。

戈登表示：“每位管理者要做 3 分钟的‘电梯演讲’，在这 3 分钟里，演讲者要告诉包括董事会在内的 40 个人，他从哪里来、他面临的挑战以及他将如何努力为公司创造价值。要回答清楚这些问题或许 15 分钟都不够，但他只有 3 分钟，必须简明扼要。这是我们寻找有潜力的员工的方法之一，我们需要具备超强沟通能力的人。”

谷歌公司的凯伦·梅表示，公司在做员工培训时必须避免踏入一些误区：“大量的硬性培训毫无意义，引导员工主动学习才能达到提升的效果。假如员工参加了某个培训项目之后大受裨益，那么管理者可以请他推荐更适合接受此类培训的同事，这有利于形成点对点的影响力，并间接肯定了被推荐人的学习热情。

“除了太过繁重的培训任务，另一个误区是，因为培训内容很有趣，所以认为每位员工都应该去学习。实际上，即便是有趣的东西也只对有此类背景或者需求的人适用，不分青红皂白地用到所有人身上只会削弱培训原有的魔力。培训不是问题解决之道，只有运用相应的检查办法、找出问题的根本原因才有可能将问题根除。一旦发现员工表现不佳，把他们扔到培训室的下意识反应完全于事无补。**只有在解决问题的能力不足时，培训才是正确的选择。**”

你是领导者还是教导者？

企业文化由高层管理者决定，营造学习文化离不开领导者的重视。都市美容品牌 Carol’s Daughter 总裁史蒂夫 · 斯托特说，教导员工是自己的重要职责。

斯托特指出：“教导员工是极为重要的技能，需要十足的耐心。很多目标宏大、英明神武的领导者之所以最终失败，是因为他们身后没有一支精诚合作的团队。想要成就一番伟业的领导者不在少数，他们有绝妙的想法和完美的计划，但受领导风格所限，他们根本没有教导员工的耐心，他们的成功之路注定要历经波折。”

教导员工也是捷蓝航空公司 CEO 戴维 · 巴格的核心领导理念，他依据自己早年在航空公司担任高管时的经历总结出了一套独特的方法。

巴格说：“20 世纪 80 年代，我供职于纽约航空公司，起初是指挥塔经理，后升任主任。当时的经历回想起来仿佛就发生在昨天，因为突然间我就有了一大群直接下属，每天都要面对大量复杂的难题。因为在领导能力和业务方面都没有得到过系统培训，当时的局面对我的知识体系造成了巨大的冲击。值得庆幸的是，我也有了与公司领导者频繁接触的机会，从他们身上我渐渐学会了如何扮演领导者的角色。在年轻的时候接触到公司高层，见识到优秀的人如何开展工作、与人交流，对我而言非常重要而且难忘，这段经历让我开始了解领导者的真正意义。

“我认为优秀的领导者也是好老师，他会花时间向下属解释资产负债表、燃油套期政策或其他一些事情的来龙去脉，他是在教导下属，而不仅仅是自己做，或者解释自己在做什么，他会说清楚为什么做以及如何做。我坚信给员工机会、领员工入门的必要性。除了我的那些直接下属之外，必须有其他同样能掌管公司的员工存在，他们分散在公司各个岗位，他们的职业前途一片光明。我也相信未雨绸缪的必要性，已然成长起来的员工有责任将他们获得的光明传递下去。”

服饰公司 The Limited（内衣品牌“维多利亚的秘密”母公司。——译者注）前 CEO 琳达・希斯利（Linda Heasley）说，让老员工帮助新员工学习新技能，也有助于留住有才华的员工。

琳达说：“我相信我的同事能去任何他们想去的地方工作，我的任务就是把他们重新招募回来，让他们心甘情愿地替我们公司服务。吸引员工的关键在于让工作变得有趣，让员工感觉自己备受珍视。我鼓励员工寻找新的平台，他们有这样做的权利和自由，但我希望他们能够再给我一次满足其在提升过程中尚未被满足的需求的机会，那是我欠他们的。我的同事曾对我说，鼓励员工离开是反主流文化的领导力策略，但实际上，我有重新招募他们回来的自信，我自信能让他们相信，这里才是他们最好的发展平台。”

第12章

如何让会议更“聪明”？

怎样才能让员工明白开会的目的是解决问题而不是聚在一起看手机？员工如何分清领导者只是说说而已还是真的要求你服从？面对滔滔不绝的演讲者，会议主持人应如何应对？

没有人喜欢枯燥冗长的会议，但为什么我们总是在不知不觉间陷入讨论的泥潭？

假如工作中两人始终意见一致，
那说明其中一人是多余的。

箭牌糖果总裁兼 CEO
小威廉·瑞格利

大家可能都经历过这样的会议：议程混乱，讨论漫无目的，与会者频频查看手机和平板电脑。这种会议体现的企业文化似乎恰恰与我们正在讨论的充满激情的高效能文化背道而驰。

科技公司 Conductor 的 CEO 塞斯·贝斯梅特尼克为抑制员工开会分心的现象采取了强硬措施：“我们的每一间会议室里都挂有标识，上面这样写道，‘为尊重同事，我们承诺绝不在开会时阅读电子邮件’。边开会边处理电子邮件是我绝对无法容忍的行为之一。如果与会者不能全神贯注，会议不开也罢。”为什么让会议更高效如此之难？虽然这个千古谜题确实值得讨论，但正如前文所述，找出问题症结不是目的，解决问题才是，所以让我们将注意力聚焦在解决方案上。很多 CEO 在让员工专注会议、聚焦当前工作、厘清会议议程方面有很多巧妙的策略，他们同时也非常擅长辨识和规避会议过程中的陷阱。

会前：明确目的和议程

美国医疗保险公司 QualCare 在召开会议方面有着严格的规定。

其 CEO 安妮特・卡提诺（Annette Catino）表示："进入会议室之后，如果桌子上没有放会议议程，我会直接离场。没有明确议程的会议我不会参加，如果连开会的目的都不知道，那就没必要开会。开会期间所有人始终专心致志非常重要，一起在会议室谈论昨晚的足球赛那不叫开会。"

除了会议议程，还有些 CEO 会进一步要求会议发起者准备好任务细则，让与会者提前了解会上将会做出哪些方面的决议。设计软件供应商欧特克公司（Autodesk）CEO 卡尔・巴斯（Carl Bass）阐述了他们的会议要求："我们努力让与会者在会议开始前就对决议有个非常清楚的了解。在某些会议上，我会开门见山地说出我的决定，但这只是个人决定，我想听听大家的意见。**有一件非常值得全体员工了解的事实是，在会议开始之前，所有人的意见都只是个人行为，最终决定需要经过讨论才能达成。**

"开会时，领导者的主要职责之一就是让员工各抒己见，提供尽可能多的意见以供讨论。但是，管理者必须谨记，向员工征询信息和意见时不要让对方产生决策权在他们手中的错觉。"

看护服务提供商 Care.com 的 CEO 希拉・里利奥・马塞洛（Sheila Lirio Marcelo）表示可以用一些简洁的方法为公司的会议分类。

马塞洛说："我们将所有决策会议分为三类，类型一的会议上由领导者单方面做决定，带有独裁的味道；类型二的会议中，员工可以提建议和想法，但最后决策权归高层领导者；类型三的会议则是完全民主，由所有人一起讨论以达成共识。这三种方法有效地解决了我们的所有决策难题。"

马塞洛的方法可以解决很多 CEO 的苦恼：有些时候，CEO 在会上的发言只是他们心中的某个困惑，说出来是为了听听大家的意见，但很不幸，这个困惑会被立即当成一个命令来执行。医药网（Drugstore.com）前 CEO 达温·莱波雷（Dawn Lepore）有个绝妙的办法，可以确保员工不会收到错误的指令。

莱波雷说：“我会跟员工开个关于灯泡和枪的小玩笑。灯泡的意思是，这只是我的一个想法，你们思考一下它是否是个好主意。不管支持还是反对，灯泡只是一个想法。枪则代表我要求你这么做，这是命令。员工并非任何时候都能分清楚领导者只是说说而已还是真的需要他们去执行。”

从一开始便明确会议目的并不是高效能会议的唯一条件。瑞典斯堪斯卡建筑公司美国分公司的总裁比尔·弗莱明会在会议结束之后专门留出时间回顾整个讨论的过程。

弗莱明说：“开会时，领导者必须时刻注意推动与会者参与讨论，并且提醒每一个人一旦决定做出就不许更改。因此在形成决议之后，你必须有更为正式的明确说明。我喜欢从两个角度来总结会议，首先是‘这次会议整体评价如何？时间分配得是否恰当？’其次是，‘会议结束后你们打算怎么做？’后者相当于让与会者对团队做出个人承诺。我们的会议并不是每次都 100% 成功，但不管会议成功与否，总结回顾都是必不可少的环节。”

预热：营造积极开放的氛围

一开始就为会议奠定积极的基调，能够让会议更富成效。金融产品开发商 Think Finance 的 CEO 肯·里斯要求员工每次开会前，先各自分享一段积极正面的消息。

里斯表示：“我们每天的例会都以好消息开头。开会往往是改变的前兆，改变总是要面对诸多挑战，有时候员工不免感觉疲惫，因此我们会在切入正题前，先来一段好消息，即便有人说自己没有任何好消息可分享，我们也会坚决要他再想想，必须分享一些正能量。

“环境变化如此之快，令人担心的事情如此之多，注意力很容易就会锁定在没能实现的目标上，全然忘了已经取得的成绩。因此，花点时间传递正能量，让气氛更加积极，有利于更高效地解决问题。很多 CEO 都会过于专注目的地，而失去了享受旅途乐趣的心情。”

宾夕法尼亚大学的艾米·古德曼会在头脑风暴会议上逼迫员工提各种意见，哪怕内容极其牵强。“我热衷于挑战，也喜欢带领团队全力冲刺的感觉，”古德曼说，“团队成员都知道我喜欢与众不同的想法，即便我不一定认同它。他们知道我要求严格且奖罚分明，只要富有激情和智慧、愿意努力工作，我都愿意大肆褒奖。我强调商议的重要性，并邀请所有成员积极参与。每周我们都会举行头脑风暴，我会鼓励大家积极发言，虽然可能最终被执行的想法不会超过 50%，但我相信付诸实践的那些计划一定能让所有人与我一样感到兴奋与满足。

“我逐渐意识到，推进计划的过程中，保持开放的心态、接收各方或粗略或疯狂的想法和建议尤为重要，即便它们最终被证明一无所用。对一所大学来说，兼容并包意义非凡，因为这里正是思想发轫之处，假如连我们这样的高等学府都无法以开放的心态接受各种想法，那么还有谁能够做到呢？我鼓励同事天马行空，不要在乎自己的主意是否被采纳。被否决的想法自然有其原因，而幸存下来的，我们都会鼎力支持、全力推行。我希望自己被超越，对此我抱有万分的期待。

“当我确信某件事情绝对正确，且势在必行时，我就不会花费额外的时间去再三确认。我只会说，‘我们遇到了一个问题，必须把它解决，请告诉我该怎么做’。假如我只是有一个潦草而疯狂的想法，我会让他们知道我也拿不定主意，所以得请他们帮我评估，并且我会要求他们像我一样坦诚。”

总会有这样的员工，他们会在领导者提出某个意见时，不断点头称是，同时毫不吝惜地奉承对方如何高明。为低收入家庭儿童捐赠图书的非营利组织 First Book 的 CEO 凯尔·齐默（Kyle Zimmer）处理此类问题的方法很巧妙。

他说：“在最近的一次会议上，我在抛出一个提议之后对员工说：‘有没有谁能用三个理由来证明这真是个天才的主意？’于是所有人都笑起来。我继续说道，‘现在请大家找出三个理由说服我这是你们听过的最愚蠢的想法’。那两个问题当然是开玩笑，但它们却能让员工冷静下来，轻松地讲出原本打算深埋心中的想法。逼迫员工认真思考不一定要用强硬手段，这种轻松的处理方式同样有效。

“内部证明我的方法有效后，我开始将其用在客户和赞助商身上。我们与合作伙伴的关系大多超过 20 年，漫长的合作过程中难免遇到波折，然而对方有时会因为太替我们着想而有苦难言。假如某些方面确实出了问题，我们必须出面解决。为了减少合作伙伴的麻烦，我通常也会要求对方回答我两个问题：‘请说出你愿意与 First Book 合作的三个理由。另外，假如你有一根魔法棒，你会做哪三件事情来让我们的合作更完美？’我相信这种真诚坦率的沟通方式不仅能让对方放松心情，也可以让 First Book 接收到更多反馈意见。”

会议是各种不同意见的集散地，在注重坦诚交流的公司里，思想激烈冲突的现象并不罕见，哈莱姆儿童特区的 CEO 杰弗瑞·卡纳达有专门缓解矛盾的方法。

卡纳达说：“大学时学习的心理学专业知识帮了我大忙。领导者如果不能随时感知会议室里基本的动态变化，如何能做好管理工作？

"当所有人都想表现自己如何聪明、如何能干的时候，竞争的压力就会逐渐积聚，这时候员工必定会彼此防御和抵抗，因为对方控诉的问题或许恰恰正是他们的杰作。每当大家剑拔弩张之时，我就会直截了当地说出大家的心声，'为什么所有人都在攻击我？我当初竟然会接手那个烂摊子，真是蠢到家了！'这番话往往会引起一阵大笑，因为这正是他们此刻的心理动态。缓解员工的紧张与压力，营造彻底透明的工作环境，让员工意识到关键在于如何解决问题，而不要将精力分散在其他无关紧要的事情上。"

会中：逼迫每一位员工发挥"思维领导力"

主持过会议的人大概都懂得保持会议议程紧凑和鼓励与会者畅所欲言二者之间有着难以调和的矛盾。保持会议富有成效是一门需要不断实践的艺术，即便对经验丰富的领导者来说也是如此。

辉瑞公司（Pfizer）执行副总裁兼法律顾问艾米·舒尔曼（Amy Schulman）认为，最重要的领导技能就是学会更好地把控会议局面："在正确的时间介入和退出问题讨论是最难掌握的领导技能之一。一方面，员工想听听领导者的意见和想法，如果你从不开口，他们势必感到沮丧；但另一方面如果你不停地发号施令甚至独断专行，显然又不利于与员工形成对话。

"作为老板，无论你自认为有多么民主，你必须明白的事实就是，你大权在握，你比其他人更具威力。因此我非常注意认真地回应员工的挑战，我喜欢他们对我知无不言，对那些提出合理挑战的员工，我会给予奖励。学会克制地表达，用分量适当的意见鼓励交流，已经成为我策略的转折点。

“有时望着会议室里的场景，我会满脑子困惑，因为我不知道何时该更进一步。同时我也发现，员工是多么迫切地想赞同我的意见，但我知道我不可能永远都是对的。于是我试着刻意奖励那些敢于质疑我的员工。优秀的演讲者的一个基本要求是，他首先是位出色的聆听者。因此我提醒自己，无论自己的反应有多么迅速，也必须表现出聆听的态度，向员工显示决策形成的整个过程，而不是急着打断对话。我深知被人剥夺表达权利的滋味，因此开会时我会注意放慢节奏，让与会者跟上我的思路。”

如何激发员工参与讨论的热情，引导他们贡献出各种奇思妙想？不少 CEO 会明确表示，公司期盼和鼓励员工发表自己的见解。

“我希望会议上的沟通都是真实有效的。” 老海军公司的总裁珍妮·明说，“今年夏天我们招了几名实习生，刚开始他们都不愿意表达自己的观点，但实际上正值二十一二岁的他们也是我们的目标客户，他们的意见对我们来说至关重要。于是我引导他们说：‘告诉我你们喜欢什么，不喜欢什么，你们必须给我个意见，因为我可是在花钱买你们的主意，所以请如实表达你们的观点。’诚恳的交流起了作用，实习生们开始对我坦诚以待。其实很多员工都有不少主意埋在心里，他们只是缺少表达的渠道。

“我一直觉得稍微再民主一点，或许就能得到最好的建议或者做出最佳决策。我无需总是赞同这些年轻人的意见，但必须听听他们的想法，这不仅是因为他们是公司的客户，还因为他们是公司的员工。我认为每位员工都该有自己的想法，如果没有就不该坐在会议桌前，因为开会的目的就是贡献观点。”

数据搜集和审计公司 PRGX 的 CEO 罗米尔·巴尔（Romil Bahl）也明确告诉员工，他希望对方在会议讨论时能畅所欲言。

巴尔说："我刚加入 PRGX 时，感觉它相当封闭、毫无乐趣，于是我开始想办法打破原有的交流屏障。我在公开场合反复强调团队要相互协作，强调信息重在分享而非囤积。在领导层会议上，我要求他们以我为标准，以身作则向下属传递我们要更加开放的信息，我是这样说的，'改革从今天这个会场开始，从你们质疑我本人开始，然后是大家互相质疑与挑战。会议的目的是达成一致决议，但在开会的过程中，我希望大家能消除紧张情绪，畅所欲言。在你们的团队会议中，我希望你们也能这样鼓励其他成员，让他们充分表达自己'。轻松开放的氛围，是我们取得成功的前提，是明智的公司都应追求的境界。**寻求帮助，欢迎他人参与并非弱者的表现，相反那是强者的象征。**

"提醒员工发言时，我甚至会语带挑衅，比如：'我已经 25 分钟没听你说一句话了，你是在和我们一起开会还是在看你的手机？'这种方式的确有些不太礼貌，因此你必须谨慎使用，但我之所以这么做，是因为我自信我的团队成员个个都是能力颇强的优秀人士，大家是为了共同的目标聚在一起，所以即便提醒的方式不太恰当，大家依然会懂得我真正的意图。除非最好的主意已经被提出，否则我会不停地逼迫他们开动脑筋。"

商业技术公司 Pegasystems 的 CEO 艾伦·特雷富勒（Alan Trefler）说，公司的核心价值观之一就是鼓励每一位员工分享各自的观点。

"当人们问起我们是一家什么样的公司时，我会说我们的目标是打造'思想领导力'。你或许常听人们提起这个不知所谓的词，但对我们来说思想领导力是一些非常具体化的东西。当你就某件事形成观点时，思想就产生了，它就具备了一定程度的影响力，假如你的观点更独特或更具实际意义，那你的思想就有了领导力。正如箭牌糖果总裁兼 CEO 小威廉·瑞格理（William Wrigley Jr.）所言：**假如工作中**

两人始终意见一致，那说明其中一人是多余的。

“有自己的观点很重要，但仅有观点还不够，还要有足够的信息支持，你的观点还必须契合相应的语境。思想领导力的第二层含义要求我们履行思考领导者的职责。如果员工只是愿意跟随你，那么你仅仅是领导者而已，只具备权威性而没有说服力。我时常嘱咐员工，不要理睬那些借用我的名义办事的人，因为假如我有需求，我会亲自去处理。如果员工赞同了你的观点和思想，就相当于认可了你的领导者身份，他们会按计划迅速行动起来。”

鼓励员工畅所欲言不仅可以让讨论更加深入，催生出更多观点，还能避免一些常见的危险现象，如当一部分员工主动发表自己的观点时，另一部分员工则只顾陷在座位里对其品头论足。大西洋唱片集团的 COO 朱莉 · 格林瓦尔德在访谈中就提到特别无法容忍那些畏缩不语的员工。

朱莉称：“开会时，尽管我一再强调我们要积极主动，但仍然有些人只管坐在位子上或者倚墙而立不参与讨论，这对其他人来说非常不公平。假如你不参与讨论，不愿意贡献脑力，那就意味着你只是寄生在其他人身上而已。

“讨论时我会一股脑儿抛出我所有的想法，有些人或许不太能接受这样做法，所以我会让我旁边的同事提起话头说那是世上最荒谬的想法，于是探讨就此展开。我会明确告诉员工，没有人会因为会议上的言论被解雇。我们是一家自负盈亏的企业，必须承担风险，这是每一位员工都应明白的道理。

“引导沉默的员工开动脑筋、畅所欲言不是件容易的事。我也害怕公开演讲，但我又必须克服这种恐惧，唯一的方法就是不断地把自己推到公众面前。为了领导团队，你不得不公开演讲，为了履行领导职责，你必须学会驾驭会议，让每位员工为你的掌控力臣服，认可你是这个部门的带头人，相信你会冲在第一线而不是躲在幕后指手画脚。”

电子商务网站 Lockerz 前 CEO 凯茜·萨维特也谈到相同的话题，她说：“与很多人的经历一样，我之前服务的公司也流行着所谓的‘恶意刁难’文化，它的危害极大。这里说的恶意刁难是指，当 CEO 或者高层领导者抛出某个问题时，大家立马热烈讨论起来，而当普通职员提出某个创意时，其他同事要么事不关己冷眼旁观，要么叫嚷着有问题，却又拿不出任何有建设性的意见。作为领导者，不仅要懂得博采众长，也需深谙那些讨人嫌的伎俩，这样才能更好地引导员工塑造正确的企业文化和氛围。”

会后：“附赠”一次小型跟踪会话

规避会议陷阱的方法有很多，品酒屋的蒂姆·布赫发现，集体聚餐是高管分享观点的重要时刻。

“例行的员工大会当然十分重要，但那种会议上讨论的话题通常是战术层面的，比如上周出现过什么差错，本周要如何避免等具体问题，往往着眼于现在，前瞻性略显不足。我接触过一些公司，他们除了举行全体会议之外，还会定期组织员工参加外部拓展活动或者举行领导力峰会，活动声势之浩大，观点碰撞之激烈，令人叹为观止。然而等到活动结束，回到办公桌前，当时的激情开始退却，那些闪闪发光的思想火花绽放过一次之后就消失了，就像未曾出现过一样。

“在我们公司，COO 每周会主持召开一场战术讨论会，而我则在每周一晚上带着我的 8 名团队成员去聚餐。战术的问题 COO 已经解决，于是我想到在吃晚饭的时候谈论战略，聚餐轻松自在的氛围无疑更有利于员工卸下防备心理，自由地谈论新产品、新机遇以及公司的未来。我不是说传统的员工大会意义不及非正式的聚餐，而是说即便全体会议会长达 4 小时，也根本无法做出有效的战略决策，总是被邮件、电话打断，导致精力不集中是原因之一，人太多无法深入交流是问题之二。而聚餐时没有电脑，也不许查看电子邮件，大伙儿也更加真诚。”

《青少年时尚》杂志（*Teen Vogue*）的主编艾米·阿斯特利（Amy Astley）也认为小组会比大型会议更高效。

阿斯特利表示：“我希望营造一种非常包容的文化，兼收并蓄所有员工的各种观点。以前我常召开全体大会，那样持续了约 6 个月之后，会议室有变成菜市场的趋势。我发现每次开会都是那几位比较善于表达的女性拥有话语权，她们占据了大部分时间，而其他人则都一言不发。于是我决定实施一项开放政策，让员工单独与我面谈，我们表达各自的观点，没有其他人插话，不会受到一丝打击。

“大型会议很容易就变成上次会议的续集，大家搁置新问题，转而为上次会议收拾烂摊子。另外，如果与会人数过多，责任总是无法清晰落实到个人，而一对一的会谈可以避免这种状况。小型会议使大家更加开放坦诚。在一对一的会谈中，大家会把所有问题摊开来讲，更容易迸发思想的火花，因为这是高度个人化的交流。”

小提示：让喋喋不休的人闭嘴

再没有比长篇大论、喋喋不休更能耗费开会精力的了。让员工积极发表意见的诀窍之一就是提醒发言者需言简意赅。动画制片厂造雨人娱乐公司（Rainmaker Entertainment）前总裁凯瑟琳·温德（Catherine

Winder）明确表示，员工在阐述自己的观点时要做到简明扼要。

温德说："我们希望每位员工都愿意分享自己的故事，因此我们采取开放的态度，公司里的每个人都有表达自己观点的自由，我们鼓励员工用公司的吉祥物作为主角来创造故事，并用 15 ～ 30 秒钟进行描述。假如你能简明扼要地表达，那你离成功就不远了。"

美国环境新闻网站自然母亲网站（Mother Nature Network）CEO 乔尔·巴比特（Joel Babbit）有一种独特的技能，那就是始终把会议时间控制得很短，且保证讨论从不偏题。

巴比特说："我主持的会议总是很简短，有时只是在答出一句行或不行之后就散会了。我参加过一些让人备受折磨的会议，它们通常既无聊又冗长。我相信大多数会议均可轻易缩短 2/3 的时间，并获得更好的效果。会议一旦超过 15 分钟，人们便开始心不在焉了。

"我发现一个规律，会议级别越高，时间越短。和副总裁助理开会，大约要花 2 小时；和副总裁开会，1 小时就讨论完毕；和首席财务官开会，30 分钟足矣；和 CEO 开会，你只有 10 分钟。"

第13章

摧毁内部小团体

为什么大太空船公司CEO麦克·莱伯维茨坚持拆除原本美观大方的一体式工作台，转而把办公卡位弄得七零八落，让不同部门的员工“混为一团”？

为什么博士伦公司CEO布伦特·桑德斯要抛弃光鲜亮丽的办公大楼，将管理人员赶到制造基地与一线员工一起办公？

我坚信，封闭的小团体主义终会摧毁一家公司。

梅菲尔德贵族置业顾问有限公司 CEO
昌西·C. 梅菲尔德

随着公司的发展，本位主义会无可避免地出现，员工逐渐结成一个个小团体，开始在公司内部划分“我们”和“他们”。水景设计公司的马克·福勒指出，必须对这些内部小团体予以足够重视，必须在它们成立早期就连根拔起，因为随着时间的推移，它们会变得越来越牢不可破，直至摧毁整家公司。

分享目标是鼓励员工视同事为家人的有效途径，但它也很容易滋生内部小团体，福勒采用了一种非传统的方式来打破这种封闭形态，他请了一位擅长即兴表演的老师来给员工上表演课，让员工切身了解用心聆听的重要性。

福勒解释了其中的原理：“我们将所有员工分为三个班，安排了一位全职主管全天候授课，同时也外聘讲师。我们上的最有意思的一堂课是即兴表演。即兴表演的关键其实不在于及时反应，而在于认真聆听。因为在没有剧本的情况下，与你演对手戏的同事是你全部信息的来源。课程刚开始时我注意到，员工之间的有效沟通非常有限。

“从某方面来讲，即兴表演与吵架的原理相通，吵架时我们通常需要等对方把话说完才能进行有效反击，即兴表演也是如此。我必须先认真听懂你的话才能做出反应，即使反应得不是很巧妙和幽默。然而，很多时候大家在交流的过程中会像发射连珠炮似的抛出大串独白，极少停下来听对方讲什么。

“因此我有了个疯狂的主意，请人到公司教即兴表演。起初没有员工愿意上表演课，大家都会觉得在大庭广众面前表演多少有点难为情，但最终我还是拿到了列有一长串人名的参演名单，因为大家知道自己身处一个可以毫无顾忌宣泄情绪的环境，大家会一起表演、一起难为情，这会是一个神奇的密切彼此关系的过程，顺便还能学习各种沟通技巧。实际上多数人都会本能地抵触‘即兴’的不确定感，我们更喜欢掌控局面。但即兴表演课程带领我们的思绪进入某个空间，让我们学会享受那种不知道对方要问我们什么的奇妙感觉，让我们学会打开心扉、认真聆听、适时反馈。

“水景设计公司的职位类型极具多样性，如图形设计师、插画师、光学工程师、药剂师、特效师、园林设计师、服装造型设计师等。这些人来自各行各业，一般情况下他们绝不可能聚在同一个屋檐下，因此在交流的过程中你必须不断地寻找各种方法将他们彼此联系起来。所以说我们的日常工作就像是即兴表演，而工作本身就是我们公司独有的文化特质。”

即兴表演课或许并不适用于所有公司，所以 CEO 破除封闭小团体之路还任重道远。

推行“内部客户”服务制度

领导者在建立补偿和奖励体系以鼓励正向行为的同时，还要记得根据目前的组织架构发布有力的信息指令，以打击封闭的小团体。

梅菲尔德贵族置业顾问有限公司的昌西·梅菲尔德制定了一套业绩评价系统，这套评价体系的评价指标是员工在公司的所有行为，而非其完成直接上司分配工作的状况。

昌西解释说："之所以建立全新的评价系统，是因为我们发现员工开始建立自己的封闭小团体，他们逐渐将精力转移到维护小团体的正常运转而非业务的正常开展上。一时之间，公司出现了各种派系，他们相互较劲，合作的欲望悄然流失。出现这样的状况，原因之一是，即使不合作员工也不会有任何损失，因为公司没有明确的奖励合作的政策。因此，在公司规模逐渐扩大的同时，我不得不致力于打击那些小团体，因为我坚信，小团体最终将摧毁我们，至今我仍相信将封闭的小团体扼杀于萌芽状态是我遇见的最具挑战的任务之一。

"我们设计了一种叫做'客户服务法'的工作方式，这里所说的客户不是指消费者，而是你所服务的同事，他们是你在公司的内部客户。人们往往能轻易地处理好与上司的关系，但实际上平级同事之间的关系也应得到妥善维护。总体来说，'客户服务法'培养的是一种团队合作精神，旨在提升团队意识，让所有人都明白，对面那个家伙的一句话也会影响到你的奖金数量。"

与很多公司将业绩考评分为个人和团队两大层面不同，安诺析思国际咨询公司的 CEO 玛莎·塞缪尔森采取的是另一种方法。

塞缪尔森表示："尽管我们在全国有 10 家办事处，但我们只会针对全公司出一份盈亏声明。没有实验领域的盈亏声明，也没有各办事处单独的盈亏报告，甚至连合伙人都不会收到销售业绩报告。在合伙人回报方面，我们有一套信用体系，我们共同关注长远收益。

"是上一家公司的经历让我做出以上决定，与我们相反，那家公司的盈亏声明都只针对各办事处而不是全公司，因此很多时候，当一个办事处忙得筋疲力尽、人仰马翻时，另一个办事处的员工很可能正悠闲地转大拇指，那太不合理了。的确，彻底清除阻碍团队合作的因素，留下的员工的合作会变得更顺畅紧密，但这种做法并不具有普适性。管理公司有很多不同的方法，不同团队的关注点也会不同。在我们公司，员工关心的是如何相处，如何进行团队合作。”

塞缪尔森自己也意识到只出具全公司的盈亏声明存在一定风险，因为员工会觉得自己的付出没有得到应有的回报，但她表示这种做法也能吸引某些特定类型的员工。

塞缪尔森说：“我希望员工能主动认清这种做法的好处与坏处，它的确会导致某种评价失准，但从长远来看员工获得的绝对比预期的多。所以那些打算长期为我们服务的员工会更喜欢这种做法。但凡已经适应我们公司的员工，都十分看重团队合作，所以他们愿意将自己的一部分奖金暂寄在公司。我本人更是举双手赞成这种眼光长远的做法。工作对我而言相当重要，人生在世一定要活出自己的方式。钱当然越多越好，但假如要有所取舍，舒服的工作环境比钱重要多了。”

Abt 联合咨询公司的 CEO 凯瑟琳·弗拉纳根在接管公司之后果断调整了全部的组织架构。凯瑟琳说：“随着公司的发展壮大，业务单元越来越多，公司不可避免地出现了更多小团体，我的目标就是摧毁它们。于是我重新调整了公司的组织架构。之前的组织架构按业务线划分为国际业务、美国业务、数据收集业务等，各个业务集团都由几位高级副总裁领导。改革后，一名负责全球业务的执行副总裁取代了那些高级副总裁，因为我们的愿景是成为全球化的 Abt。

“全球化的 Abt 的核心目的是拆除壁垒，让员工能更自如地合作，让公司能更全面地平衡和调节整体步伐。我要求员工把视线从他们各自负责的项目或部门目标上移到整家公司的协同运作上，要求管理者身兼两职，既关注各自的岗位职责，又站在公司的角度解决问题。一门心思做单一的项目确实更简单，但对整家公司的发展帮助不大。”

心理攻击：爱员工，更爱他的家人

创新咨询公司华氏 212 公司的 CEO 杰奥夫·武莱塔在本书第 8 章中指出：一旦工作过程中出现信息断层，员工便会产生消极情绪，他会感到恐惧，会认为不好的事情将要发生，因此绝对不要让员工产生信息空虚感，那会使他们本能地认为某些方面出了问题。召开全员大会，即便是远程视频或电话会议，也有利于消除员工的空虚感。

美国在线视频平台 Brightcove 公司 CEO 杰里米·阿莱尔（Jeremy Allaire）认为，在公司经历高速发展之后召开一次全员大会非常必要。

阿莱尔解释说：“在不到一年的时间里，公司规模从 180 人发展到近 280 人，这样快速的变化，有时让我产生无法掌控之感，这令人颇觉不安。据我了解，谷歌公司的几位创始人每周五都会召集全球员工开会，畅谈公司里正在发生的任何事情。我从中受到了启发。

“我们的全员会议定在每周五的上午 10：00，为期 1 个小时，这段时间里员工可以和我聊任何话题。我的建议是，一切事情都要摊到桌面上谈，保持完全开放，即便故意刁难也可以。虽然因为时间和人员数量的关系，并非每位员工都有发言的机会，但这让员工体会到一种满足感，感觉到自己也在参与公司任何战略层面的探讨。这对公司管理大有裨益。”

云存储服务商 SugarSync 公司前 CEO 劳拉·耶西斯甚至会邀请员工的家人参加全员大会，她认为这对员工来说意义非凡。

“进入 SugarSync 公司第一年，正值美国经济萧条时期，公司资金有限，员工情绪不安，在这种环境下我明白一个道理，那就是你不能只想着安抚员工，还要注意劝说鼓励他们的家人。员工对公司信息非常了解，因为我与他们的交流非常频繁，他们也相信我们正在主推的产品前景光明，但他们的伴侣、父母、朋友并不知晓相关信息，而周围人的焦虑显然会影响我的员工。因此我们尝试与员工的家人交流。我们举办 SugarSync 之夜，邀请员工的家人参加，并设专人照料孩子，为员工的伴侣播放特制影片，我待他们如同我们的投资人。结果证明，那的确是个美好的夜晚。”

美国李奥贝纳广告公司（Leo Burnett USA）首席创意官苏珊·克雷德尔（Susan Credle）会在员工入职第一天给他们做一次有趣的演讲，提醒他们竞争不在于同事之间，而在公司之外。

克雷德尔对员工说：“你们的战场不在公司内部。如果你以为你的观点比同事的独到你便胜出了，我只能说你大错特错了，那不过是极微小的收获。事实上，如果遇到这种情况，我会建议你帮助同事完善他们的想法。看看你们的名片，假如你们当中的任何一位在本公司取得了成功，你们所有人手中的那张名片的含金量都会提升，尽管上面的职称或许并无变化。

“如果你有了一个绝妙的创意，那你就应该慷慨地分享给众人，并集众人之力加以完善，这才有利于促成多赢的局面。一旦你成了公司唯一一个光芒万丈的人物，公司就完了。你能否保持慷慨？慷慨在很大程度上源于自信。如果你害怕、紧张，如果你对自己的实力有所怀疑，那你就不可能慷慨起来。”

充分利用每天工作当中的休息间隙，也有助于拆除小团体。

青蛙设计公司的总裁多琳·洛伦佐表示：“小环节也能起大作用。我们公司有很多传统，其中一项是‘咖啡时间’，每天下午 4:00，我们遍布全球的每间工作室里的所有人都会停下手头工作，涌进公司休息室参与社交活动。休息室里有乒乓球台、电视游戏机、台球以及桌上足球。

“员工平时工作都很紧张，而‘咖啡时间’是他们放松的时候，与在工作上并无交集的同事聊聊天，聊一些与工作无关的话题有助于恢复工作热情。一周五个工作日，日日如此。我们曾开玩笑说，假如公司哪天把‘咖啡时间’取消了，相信所有人都会跑掉。

“除了‘咖啡时间’，每间工作室还会在每周一上午的 10:00 举行聚会，这时候员工会谈论有关纪念日、庆典活动等话题，或者分享其他工作室的一些信息。我相信这样的交流对员工来说很重要，因为正是基于这样的活动，每间工作室有了各自特色鲜明的文化。有的工作室会组织员工外出实地考察，有的工作室会在每个星期二中午举办‘素描果酱’活动。不管活动的具体内容是什么，这些交流方式已为员工所接受，成为公司文化的重要组成部分。”

物理攻击：调换员工座位

提到分配座位，估计大家会马上联想到自己的学生时代，实际上把员工赶出自己的小卡位或办公室，逼迫他们与同事交流合作，同样能有效地摧毁小团体。

看护服务提供商 Care.comCEO 希拉 · 里利奥 · 马塞洛表示，定期轮岗已成为公司的一项规定。

马塞洛说：“每位员工每年都会至少轮岗一次，并且员工不能自行选择换到哪个岗位，谁会落在哪个岗位完全取决于转盘。之所以这样做，是想促使大家拥抱变化，消除地盘概念，让员工不再只和自己的朋友交谈。逼迫员工与不熟悉的同事坐在一起，督促他们了解原本不熟悉的领域，有利于打造真正的大团队。我们的轮岗制度目前已成为广受员工欢迎的、令人振奋的活动。”

奥林巴斯美国分公司（Olympus Corporation of the Americas）前CEO马克·古兹（Mark Gumz）在其任职期间立下一条规矩：员工不许在自己的座位上吃午饭，所有人必须在餐厅集体用餐。“我希望员工能停下来休息一会儿，和其他同事聊一聊他自己。”古兹解释说。

古兹还开通了很多其他渠道来让员工走出自己的空间，去了解其他部门的同事，目的在于营造一种社区意识。他说：“想要建立一种开放的管理体系，在每季度召开的员工大会非常关键。不管是企业发展的大好时光还是困难时期，尽管把故事讲出来，观察员工对信息的反应，听取他们的意见和建议。员工大会最好办成自助餐厅的样子，供应咖啡和午餐，领导者要记得与每一桌的员工交流。召开管理团队会议时，注意不要让他们自己选择座位，不要让整天在一起工作的同事坐在一起，打乱他们的秩序，让新鲜血液进入即成团队。

“我们会把几个团队打散，让他们与之前完全不熟悉的同事合作，然后你会发现难以置信的化学反应，把员工从舒适区里拽出来，让他们经历不一样的事情，渐渐地你就会发现一些员工开始负责本职之外的工作，这是员工晋升成长的征兆，是公司越来越强大的原因，也是让激情在办公室蔓延的秘诀。”

会议场所本身会对讨论结果产生重大影响。假如为数不多的几个人稀稀拉拉地围坐在一张大会议桌前，人们会彼此产生距离，无论是表面上还是心理上。大西洋唱片集团的首席运营官朱莉·格林瓦尔德的做法是把员工聚到较小的空间里开会。

朱莉表示：“或许把17个人塞进一间不足10平方米的会议室开

会会让我们看上去像一只罐头，但实际上一点问题都没有，因为这会让员工觉得我们正是一个紧密合作的团队。因此我开始关闭会议室，干脆让大家挤在我的办公室里讨论各种问题，就像特警小组会议那样，只是我们的特警人数比较多。

"有时当我环顾四周，不免怀疑自己把 50 个人塞进自己的办公室是不是有点白痴，然而正因为拥挤，正因为我们几乎叠在一起，我们竟产生了'与整个世界抗衡'的感觉。因为拥挤，所以不是每个人都有座位，座位表更无从谈起，于是突然之间一个没有等级制度的全新竞争环境诞生了，所有人都处在平等的地位，就像一场自由竞赛。"

呵护"二等职员"

鼓励员工互动的方法不止打乱座位或者不断轮岗，调整办公室布局同样也会对员工的工作方式产生重大影响。当数码行销公司大太空船公司的 CEO 麦克·莱伯维茨注意到办公室的布局有些问题时，立即对此做出了一些调整。

莱伯维茨说："设计办公室时我们和建筑师进行了全面的探讨，他们帮我们打造的一体化白色工作台棒极了。我记得那样的工作台总共有 7 张，每张台子可以坐 10 个人。几年后我发现当初的构想有缺陷，因为一种领地思想悄然滋生，这显然不是我们公司的风格。我必须趁早调整过来。

"于是我和核心团队开始想办法重新布局，让不同学科背景和领域的员工坐到一起。我们改变了座位的朝向，让原本面对面的座位改为统一向外，这样平时他们可以专注于自己的工作，而一旦需要讨论转动椅子便能召开小组会议。没想到效果好得出奇。我们有些团队从不在会议室开会，但组织管理却井井有条。”

办公室之间的空间距离也会制造出各种小团体。为避免小团体对公司的侵蚀，印象笔记公司的CEO菲尔·利宾借助了视屏墙：“我们公司的总部在加利福尼亚，但得克萨斯也有一间工作室。我们知道，不在总部上班的员工很可能会认为自己不受重视，是二等职员，为了避免这样无谓的猜疑，我们在两处办公场所都配备了70英寸的大屏幕电视，视频墙含高端视频摄像机。位于两地的工作室时常实时连线，而且因为双方都可以看到对方，所以不会产生监视或被监视感。事实上，我们建立远程视频联系并不是为了开会，仅仅想要两地的员工能彼此交谈，可以谈论某部电影或者分享自己的灵感。”

手机服务网站Foursquare的CEO丹尼斯·克劳利也建立了一种类似的联通方式，效果也是立竿见影。

博士伦公司的布伦特·桑德斯刚上任就迈出了更吸引人眼球的一步，他把管理层的办公室搬出了原先的总部大楼。

桑德斯说：“企业文化的改变需要各种行动，行动重于语言。口头上强调企业文化固然重要，但渗透人心尚需时间，而行动总能带来立竿见影的效果。我上任的时候发现，公司的管理层在一座摩天大楼里工作，而研发、客服、销售、营销等工作人员却在几英里外的制造基地办公，两部分人员严重分离。

“到公司的第四周，我在路边望着大楼顶层连接天际的我的空旷的办公室时，我对自己说：‘这可不行。假如我们真要成为一家卓越的公司，打造独特的文化，营造统一的团队理念，我们就该坐在一起。’于是我让所有管理人员搬出大楼，移到了工厂。这次搬迁有着重大的象征意义，表明在大楼办公的管理人员和在工厂一线上班的员工在本质上再无差异。既然我们的目标一致，那就让我们坐在一起吧。”

狂欢吧！

一味低头工作而不及时展现成果，容易导致员工对公司失去信心。一些明智的 CEO 懂得为员工创造机会，让他们停下手头的工作，欣赏一下公司以及团队取得的成绩。

美国李奥贝纳广告公司每年都会举办一次颁奖典礼，让所有员工亲眼目睹自己以及同事创造的各项成就。其首席创意官苏珊·克雷德尔说："我们的颁奖典礼场面堪比戛纳电影节，每位员工都会盛装出席，并为同事的成绩投票。今年的投票时间是三天，投票人数 1 000 人。我认为举办这种典礼意义非凡，因为深陷日常工作之中的员工并不了解我们到底在做什么。虽然硕果累累的颁奖典礼有让员工飘飘然的风险，但我仍会鼓励他们说，'你们都是公司的功臣。无论你在电梯里的闲聊、讨论会上的发言，还是处处与人为善的工作态度，都给这家公司注入了正能量，那些是我们取得成功的助推器'。

"颁奖典礼在我上任第一年就开始举办，起初我只是想盘点一下一年来的工作，但面对眼前的成就我根本兴奋不起来，于是我想，假如我只是在员工会议上干巴巴地对员工讲我们今年完成了哪些项目，创造了多少收益，那就意味着我只是接受了这个事实，表示成绩还算过得去。于是我决定换种方式，假如让员工自己投票选出明星项目，他们一定会对我们的工作有一番不一样的认识。另外，将我个人自说自话式的业绩汇报转化成全体员工的自我评价，也会扩大表彰范围。以前，我们只表彰优秀项目的文案人员、美术指导、创意总监，而如今我们会表彰优秀团队中的每一个人，包括预算和财务分析人员，他们虽然没有直接参与项目，但依然功不可没。"

在传统企业眼中，费尔德娱乐公司（Feld Entertainment）的业绩展示活动或许像一场闹剧，但其CEO肯尼思·费尔德（Kenneth Feld）认为，这样的狂欢活动对公司的发展而言必不可少。

费尔德说："每年年末，我们会挑选130位彼此并不相识的表演者到佛罗里达州参加'表演之夜'。表演者大约有10天的准备时间，每位演出者都需要表演一段未经剪辑的原始戏份给其他演出者看。'表演之夜'是对表演者的一次测试，测试大家是否真正尊重彼此。表演者赢得他人尊重的唯一途径就是表演本身，表演者的知名度、在公司的地位等因素会被无限弱化。"

第 14 章

让创新跟上发明的脚步

像红帽软件那样分公司遍布世界的跨国企业，如何集结全球智慧推进技术创新？

相较于乘坐飞机，联合娱乐集团更加鼓励员工乘坐大巴出行，除了节省开支，其更深层的用意是什么？

当研发部门埋头发明、不顾市场时，领导者怎样既不打击其热情又助其将工作方向转向创新？

作为领导者，
你必须具备容忍混乱的能力，
否则，
你将会离创新越来越远。

奥美集团前 CEO
夏洛特·比尔斯

帕拉纳面包连锁餐厅（Panera Bread）董事长兼联席 CEO 罗纳德·M. 沙伊克（Ronald M. Shaich）将公司运行分解为两部分：一是“给付能力”（Delivery Muscle），即达成目标的能力；二是“探索能力”（Discovery Muscle），即创新能力。沙伊克认为多数公司并没有平衡好这两种能力的关系。

沙伊克说：“很多大公司都太专注于给付能力而忽略探索能力。关注给付能力表面上看似乎更理性，员工也更有安全感，因为给付能力可以通过数据来分析，也可以通过市场调研来控制。然而这类公司在寻求新的发展模式和探索未知市场方面往往捉襟见肘，那种思维上的大跳跃不在他们的接受范围之内。相信自己，不断创新，知道自己掌握着世界的走势并坚信自己终将抵达那里，这样的公司才是我们向往的目标。或许不是所有的决策都符合逻辑或者底气十足，但我们总得尝试不同的方向。”

所有领导者都希望他们的企业创新能力卓越。在经济发展持续低迷时期，创新能力成了营业收入增长的关键。创新也意味着更高效的运作方法，更低的运营成本。

尽管高超的创新能力标志着成功，但探索能力稍弱的公司也不必因此灰心丧气。任何一家公司的员工都具备创新的潜力，他们工作在一线，懂得市场趋势，了解客户需求，知悉竞争对手的动向，只是碍于公司政治和低效的合作方式，他们的努力往往成了无用功。因此领导者的职能就是要创建一种文化，为这些身怀技艺的员工架构交流的渠道，把分散的能量转化为解决问题的有力武器。**发明与创新的区别在于，人们可以发明各种东西，但唯有新生的产品或服务能转化成经济效益时，它们才被称为创新。**

博士伦公司的布伦特·桑德斯发现，当公司步履维艰的时候，被委以重任的员工总能想出很多别出心裁的主意，这时候领导者面临的挑战就是，如何引导这份能量催生更多的创新成果。

桑德斯说："很早之前我就发现，公司在过去 40 年里并未带给市场多少有意义的创新产品。或许我们有过一些发明，但那些发明并未真正给人们的生活带来多大变化。

"我观察过我们的研发部门，研发部门的人的专业水平毋庸置疑，但这些才华横溢的研究者往往太专注于开发专利、发表论文，他们的产品常常在推向市场前夭折。通过与研发人员交流我发现，他们的目标与公司的目标也完全一致，即创造出既能改变人类生活又能为公司带来利润的产品，那么问题出在哪里呢？

"我们之所以在 40 年里没推出更多的创新产品，真正的原因在于，我们根本没有弄清楚什么是成功。成功不是说拥有多少专利，或者发表了多少篇论文，成功的定义应当是创造出给患者和客户带来变化的重要产品。

"找出问题的症结之后我们采取了改善措施，其中之一就是对'研究开发'一词做出调整，我们把'研究开发'改成了'开发研究'，以便让员工明白我们在投入研究的同时更应该关注开发层面。

“调整起初并不顺利，很多科学家和工程师不愿接受，但他们后来渐渐爱上了这种变化，因为不管点子多么精妙绝伦，专利如何新奇，论文发表在多么前沿的杂志上，假如你不能让它们实实在在地走出实验室，走上市场，就谈不上造福人类，更谈不上服务公司。”

为了明确“发明”与“创新”的区别，Revolution 公司 CEO 史蒂夫·凯斯引用了爱迪生的名言：没有执行的愿景只是幻觉。

凯斯说：“我的确看重愿景，重视好点子，着力处理各种复杂问题，但作为公司领导者，我也注重公司的打造。愿景十分重要，但执行同样关键。光有好主意远远不够，还需要为好创意配备上有效的执行。所谓有效的执行，从根本上讲就是如何选人用人、排定优先事项。如果能将创意与执行整合好，我认为一切皆有可能，而假如二者相互脱离不能互为补充，你就注定与成功无缘。”

为员工颁发“撞南墙奖”

客户忠诚度软件开发公司 Edatanetworks 的 CEO 特里·铁曾（Terry Tietzen）将创新分解为多个便于管理的步骤。

铁曾表示：“当你向员工征询意见时，你必须小心他们东拉西扯。征求意见做得好就是博采众长，做得不好就容易众说纷纭。众说纷纭就像潘多拉的盒子。过多征求意见会破坏创新，因为员工说出想法而不被接受的话，他们就会心灰意懒、垂头丧气。

“为避免打击士气，领导者在征询意见时可以这样说：‘我有个想法希望和你们分享，你们是否愿意帮我个忙？让我们首先朝着这个方向努力，然后请向我反馈你们的体会。’注意要通过给员工安排行动方向来引导他们接受你的部署，而非一开始就让他们产生自己的观点，那太容易导致无休止的拉锯战。待员工按照要求每天向我汇报进展时，他们通常会送上自己绝妙的创意，因为他们知道汇报工作就是检验成绩，没有人想落败。

“作为小型创新团队的领导者，你必须每天都保持在冲刺状态。创新工作的重要组成部分就是反复问队员‘我们做到了什么？’将注意力高度集中的状态传染给团队至关重要。我的做法是，无论身在何处，我都要掌握简洁而高水准的最新进展，一方面，有利于员工产生成就感，另一方面，让他们知道他们参与了整个创新过程，从未被孤立。通过每天向我汇报信息——今天做了什么，明天打算做什么——员工能轻易锁定一些短期目标，而不至被貌似难以企及的愿景吓倒。

“硅谷的一位好朋友教了我一句话：你必须‘给怪兽喂块饼干’。这句话的意思是说，把那些认为团队目标非常宏大甚至荒谬的员工想象成一头怪兽。你必须喂怪兽一块饼干让它尝到甜头，它才会逐渐喜欢上这个愿景而不是被吓倒。他所说的饼干是指把远大目标拆分成多个细小的步骤。事实上，**实现目标的能力往往包含向人们解释你的目标，以及实现目标的方法的能力**，‘给怪兽喂块饼干’就是一个有效的方法。让员工认可你的愿景，知道愿景并非遥不可及，他们才可能加入战斗，帮你实现目标。”

失败是成功之母，但想将失败顺利转化为成功，关键要找到合理的平衡点。

“要成为创新型企业，非常重要的一点是不要惩罚失败。”普罗透斯数字医疗公司的 CEO 安德鲁 · M. 汤普森说，“在创新型企业，尤其是创新型的初创企业，你必须冒险，因此你必须具备分析错误、从错误中吸取教训的能力。

“我致力于创建一种领导型文化而非管理型文化，我们对试错的纵容或许在很多绝不允许失败的大公司看来非常荒谬，我想澄清的一点是，我不是要你奖励失败，而是建议你别惩罚失败。

“创新型企业的领导者应该勇于冒险，坚决行动。失败公司的失败之处不在于犯错，而是原地踏步。我们不可能总是朝着正确的方向前进，但即便我们选错了方向，适时调整过来就可以了。洞察力敏锐、能够灵活应变的员工比比皆是，关键在于你敢不敢对其委以重任。”

不畏冒险也是诺华集团 CEO 江慕忠推崇的企业文化之一，他曾在访谈中指出，鼓励冒险，同时注意控制冒险成本非常重要。

江慕忠说：“诺华集团实际上并不总是勇于冒险，因为它一直相当成功，它不需要冒险试新。在公司的历史上鲜少奖励勇于尝试的行为，因此当我开始掌管分公司时，我不得不努力营造一种环境，让员工不再害怕失败。我对员工说，‘事情总有失败的时候，也总有成功的时候。如果你自信最坏的结果并非难以接受，请大胆尝试。我唯一的希望就是你能从中吸取教训’。控制负面影响有各种方法，在投入资源时谨慎行事即可。让员工大胆试错的关键在于，给他们承诺和授权，打消他们对失败的顾虑。我们给员工授权时是这么说的，‘只要你们不把公司搞倒了，就尽管去做各种尝试，公司愿意为你们的尝试提供各种帮助’。”

图形芯片制造商英伟达公司（NVIDIA）CEO 黄仁勋（Jen-Hsun Huang）说，他已将勇于冒险、从错误中学习纳入公司的核心价值观。

黄仁勋表示：“我们的核心价值观有两大要素，一是允许冒险，培养从失败中吸取教训的能力。接纳失败已成为当今这个快速变化的世界里任何一家公司的文化之一。二是理智诚实，要勇于担当，犯下错误之后能快速察觉并从中吸取教训，然后快速做出调整。

“企业文化是企业的DNA，是公司的品格。我们公司的品格简单来说就是，假如某事的确值得做且已找到操作方法，那就不妨一试。我们鼓励员工大胆尝试，假如努力无果，那就总结教训调整战略。即便你一直都失败，也会一次比一次有所提升。**失败是与成功相对的负空间，假如我们不断尝试不断前行，最终一定能抵达成功的正空间，但前提是你必须理性诚实。**没有哪家公司能容忍绝对的失败。人们有时会太过固执，因为他们觉得自己的名誉与成功挂钩，失败就将颜面扫地，成功就能威风八面，他们无法承认失败。顽固地尝试会导致你为一个糟糕的想法投入过多精力，最终给整家企业带来巨大风险。”

博士伦公司的布伦特·桑德斯也鼓励他的员工要对成功机会渺茫的项目尽快反应，及早止损。

桑德斯说：“医疗保健公司的研发部门有时会成为资金黑洞，因此引导科研人员放弃追逐那些成功无望的梦想也是领导者的职责。方法之一便是对他们尽早放弃的项目也做出客观的肯定和奖励。因为在生命科学或医疗保健公司，研发产品就像养育孩子，科研人员对自己的产品倾注了全部的心血，他们害怕自己一旦放弃，公司便不再需要他们，于是即便胜算极低，他们也会义无反顾地持续投入时间和精力，想尽一切办法延续项目的生命。

“如何消除科研人员的顾虑？破解之道在于让他们明白，果断放弃与取得成功一样重要。每个人都会经历失败，区别在于面对失败时是否足够明智和果断。”

First Book公司CEO凯尔·齐默用颁奖的方式奖励大胆尝试。齐默在访谈中说：“针对某个本应能够有效实施、但最终失败的创意，我们会颁发‘撞南墙奖’，意思是说，‘没关系，你认真思考过，也全力付出了，虽然最终不得不面对失败，但我们都知道你值得尊敬’。”

引进众包理念，搭建内部社交网络

企业内部网络让集思广益变得更为容易。美国电信公司 AT&T 首席技术官约翰·多诺万在访谈中描述了其激励创新的方法。

“我找到我的直接下属，告诉他们我想要从公司挑选 16 名最聪明的员工。” 多诺万说，“聪明的标准无关职位，不重学历。这 16 位最聪明的员工是我的技术顾问，我们会每天开个小会，并要求他们对会议内容严格保密，对公司的其他领导者也不能说。

“会议上我让这 16 位聪明绝顶的员工分别列出公司愚蠢的、扼杀创新的问题清单，他们必须实话实说。事实上，我们很多创新项目就是来自这 16 个人。刚进公司时，我还不太相信公司有创新方面的问题，但很快我发现公司的确创新不足而发明有余。创新不是简单的组装，它与发明是完全不同的概念。我经常对员工讲，希望就在眼前。因为我们有发明，创新就是把发明卖给客户，或者说发明出满足客户需求的东西。当发明被完善成一种商业交易时，就成了创新。

“我邀请那 16 位技术顾问开会的目的就是对公司做一次会诊，会诊找出了公司无法创新的原因，最后我们的诊断决议是，就在会议室里启动一项创新计划。于是就有了‘集思广益’计划。当时我们面临的一个事实是，公司上下太过和气，没有人质疑别人。

“针对公司里全是老好人的问题，我的建议是实行匿名投票。我让这 16 个人每人提出 6 个创意，然后我们就这 96 个创意投票，选出最好的两个进行投资。到现在，那两个投资项目之一已演变成一个活跃人数超过 10 万人的在线网站。之后，我们将这种投票制度在公司全面推行，让所有员工对成千上万个想法进行匿名投票，投票流程类似于社交媒体，或赞成或反对。之所以选择匿名投票，是因为人们大多不愿直截了当地指出别人的问题，而在合作中我们又确实需要别人的客观评价。”

开源解决方案供应商红帽公司（Red Hat）的员工已经非常习惯于用集思广益的方式进行创新。其 CEO 卫赫士（Jim Whitehurst）在访谈中介绍了公司如何使用一个叫备忘录清单（Memo List）的程序分享和打磨各种想法：“红帽公司成立于 20 世纪 90 年代，早在 Facebook 诞生之前，我们便在公司内部建立了自己的社交网络。进入 21 世纪，社交媒体开始风靡，和许多公司一样，我们必须面对创新能力的挑战。

“我认为，保持公司创新性的基本方法就是将公司视为一个完整的生态系统。很多领导者认为，让公司更具创新性的途径就是聚集一批有创造力的员工，但在我看来，最具创造力的想法来自一线员工，因为他们最清楚自己的工作是否还有其他不同的做法。因此，领导者必须为一线员工提供传递创造性想法的媒介。如何做到这一点？如何让员工积极参与创新？我们的做法是，使用内部社交网络。

“很多人认为使用社交网络作为参与手段，在某种程度上意味着创建民主，或者至少是追求共识，但我们的文化是精英管理，而非民主。精英管理和民主之间的区别就好比黑夜与白天。我们允许争辩，鼓励员工就问题的正反两面发表各自的见解，但最终我们会说，‘我们已听取了所有的意见，也认真考量过，现在我们打算这样做……’那些对最终决议持有异议的人，即便反应再激烈也至少会想，‘虽然他没有接受我的观点，但他仍诚恳地听取了我的建议，并解释了自己那么决定的原因’。公司不一定要时时刻刻讲民主，这是红帽公司一直以来的做法。

“出于各种原因，很多公司不希望员工参加会议，事实上，让员工参加会议并不是为了让他们决策，而是为了让他们表达自己的见解，并且确保大家都能听到那些心声。让员工参与讨论有利于决议更顺利地通过和接受，尽管他们或许并不赞同那项决议。

“我们的内部社交网络叫做备忘录清单，每天涌现的新清单达数百张，阅读它们是我每天的工作之一。我还知道，大概有 3/4 的员工会每天登陆，发帖、看帖、回帖。这或许是浪费时间，但在我看来，让员工知道决策过程的缜密、漫长有利于日后的顺利执行，因为他们知道决议背后的思考和理论支持。在很多公司，决议由一小部分高层管理者制定，中下层员工只有执行权，不明就里的他们很难完全理解决议。我不是说我们的做法有多么完美，然而当我们就目标方向达成一致意见的时候，我们就已成功了一半。”

英特飞公司（Interface）CEO 丹尼尔・T. 亨德里克斯（Daniel T. Hendrix）说，他的公司开发出了一个在线创新平台，通过那个平台，公司之外的人的意见也能被吸纳进来。

亨德里克斯认为：“在当今世界，我们必须不断地改造自我，因为所有人都在快速跟进。我们公司改造自我的方式是营造一个创新环境，让一线员工以及高层管理者全员参与创新，此外公司外部的资源也不容忽视。

“为此，我们提出了‘创新农场’的概念。在创新农场，任何人都能参与交流，无论是公司内部还是外部。交流的形式多种多样，你可以发帖提问，‘你们会怎么解决这个问题？’或者‘对于创新，我们需要什么？’参与的人可以相互讨论，也可以进行投票，随着投票、转发、评论，最好的方案慢慢浮出水面。

“这种完全开放式的交流保证了员工的充分参与。创新农场不仅可以收集内外部的信息，同时也有深入探讨问题的功能。如果已经收获了足够分量的答案，提问者便可以关闭公开对话，在相对较小的范围内进行深入探讨。我们非常努力地避免掉进封闭的小盒子，我们不想在一个封闭的架构里工作，我们向往开放式合作。”

集思广益式的创新不一定要借助内部社交网络实现。印度第四大软件服务供应商 HCL 科技公司（HCL Technologies）CEO 维尼特·纳亚尔（Vineet Nayar）说，他会直接把想法和问题发到内部博客上，任由员工发表评论和见解。

纳亚尔说：“过去我每周都写一篇博文，因为我觉得员工想要知道我在想什么，但后来有位员工告诉我，事实上，他们更想参与解决问题。我的经历告诉我，无心插柳柳成荫，有时事情会朝着出乎我们意料的积极方向发展。”

创意 O2O：你敢把好点子挂出来吗？

管理员工见解和想法不一定非要借助科技，有时一截胶带、几颗图钉即可让员工体会到领导者开放的态度，让他们明白自己的想法会得到重视。在将问题清单贴上墙之前，还需要营造一种不会轻易把评论视为批评的文化。

广告代理商 Colle+McVoy 公司的 CEO 克莉丝汀·弗卢爱西特（Christine Fruechte）表示：“合作是一个被过度使用的词语，我们更专注于实践。我们的办公室采用的是完全开放的格局，所有人的工作都贴在墙上。因此我们会提醒大家在进入办公室前将自我留在电梯里。我们会公开所有的想法，无论是战略相关、成交价码还是媒介渠道，每一位员工都有权利浏览和评论。

“能留到最后的才是最佳创意，你必须坚信这一点。这和你状态的好坏，是不是办公室里最聪明的人无关。我们想到的每个主意、正在推进的每个项目，基本上都公开贴在墙上，因此我出差一周回来后只需沿着墙走一圈，便能了解所有工作的进展状况。员工会对自己的'海报'进行更新，并提醒大家给出新的意见。迄今为止，因为墙上的内容太多，我们已弄不清楚哪些是谁的主意，但上面的圈圈点点记载着我们的努力和付出。"

水景设计公司的马克·福勒说，他也喜欢员工把自己的工作贴到墙上，以便其他同事能够了解。

福勒解释说："我会鼓励员工把自己的图纸挂到墙上去，目的是让其他同事看到他们的劳动成果。我不希望员工自我封闭，认为那是他们自己的主意，不想让任何人看到，担心他人发现其中的漏洞。我大学时的老师曾说过，'我希望你们在觉察出自己的错误时，能为自己鼓掌，这样做的好处有很多，起码你不会因为犯错而止步不前。之所以应该获得鼓励，是因为你比别人更早发现问题'。当时在课堂上我对老师的话困惑不解，但我仍将它铭记在心。如今公司开会前，有时候我会先对他们说我搞砸了一些事情，这样说的言下之意是，我们必须不害怕将自己的错误公之于众。"

成立小型特战队

有时创新并不需要太多人，人数过多反而于创新不利，比如头脑风暴，人数越多，效率越低。诺丁汉–斯佩克咨询公司（Nottingham Spirk）联席总裁约翰·诺丁汉（John Nottingham）和约翰·斯佩克（John Spirk）对此深有体会。

斯佩克说："公司越大，参加会议的人就越多，有时召开远程会议时，我们这边有 3 个人，而电话那头可能有 15 个人，如此我们便会与对方公司交涉，因为在那样的状态下想出绝妙的创意简直就是天方夜谭。我们会要求客户减少参加讨论的人数，只让关键人员参加，也就是那两三位对项目拥有真正决策权的人。”

诺丁汉补充道：“开会犹如驱车穿越布满流沙坑的沙漠，你每时每刻都要加足马力，与无法捉摸的沙坑较量，稍有犹豫就会陷入流沙，瞬间消失得无影无踪。

“参会人员越多，就意味着反对者也越多。如果有人说：‘等一下，这要是行不通怎么办？要是事情没按设想的方向发展怎么办？’讨论一下子就卡壳了。一场高效的头脑风暴，最合适的参加人数是 8 ~ 12 人。人数过多，难以充分合作，人数过少，提不出几个好主意。我们参加过几家《财富》世界五十强企业的创意活动，他们的会议室里差不多坐了上百人，结果会场几度失控，最终所有人都一言不发呆坐着等时间和精力流逝。”

赛琳娜和莉莉公司的莉莉・坎特说，初创企业必须注意，切勿过度追求流程规范而扼杀创业精神，为预防此类问题，将团队小组化非常有效。

“公司永远需要那些能够扮演多种角色、具有创业精神的员工。遇到这样的员工，领导者要做的就是为他们提供合适的位置，因为他们实在太了不起了，几乎没有什么事情会难倒他们。另外，如果再引入一些经验丰富、擅长理顺流程的员工来辅助这些‘创业家’，团队效率会很容易达到最大化。一家成功的企业必须平衡好这两种类型的员工，但领导者也要警惕流程的烦琐性，太过复杂的流程会让企业变得笨重且官僚化十足。

“保持公司内部的创业精神至关重要。我的创新方法是，选 15 位员工进入会议室共同商讨。我告诉员工，我们的创新项目必须相当精简。我知道具有创业精神的员工对于某些企业而言相当麻烦，因为他们会破坏规矩。当然，没有规矩不成方圆，公司需要流程，但适度的破坏性非但不会影响公司的正常运行，还会带来意想不到的发展。因此领导者的重要工作之一，就是在开展破坏性创新项目时，绝不能让其影响到公司内部结构，避免公司因此而被彻底颠覆。

“理想状态下，精简的项目小组最好不超过 4 人，具体人数由项目决定。2 ~ 4 人做一个创新项目已经足够，毕竟很多创业公司起步时也就三四个人。我认为，小规模的工作团队之所以高效，是因为成员的目标完全一致。”

斯特拉宠物食品公司（Stella & Chewy’s）CEO 珍 · 古兹曼（Jen Guzman）的方法是将参加头脑风暴的大批人员拆分成多个小组。

古兹曼说：“一般情况下我们的头脑风暴小组只有 4 个人，他们是真正愿意参与其中并能踊跃贡献想法的人。小公司理想的运营之道就是保持灵敏，这是我的经验之谈。

“但实际上每次会议涉及的人数会比 4 个人多得多，最近的一次会议上，我们就有大约 13 人参加。这种情况下，我基本只能从高层的角度介绍公司期望的目标，然后等着他们主动表达想法。我把与会者分成了 4 个不同的小组，每组 3 ~ 4 人，然后让他们到不同的房间去商讨各自的意见。讨论之后我会再分一次组，让大家就刚才各自的方案做充分交流，然后形成更完善的方案，在这之后我们才让每一组分别做演示，最后由大家一同选出最佳方案。

“从一个有 13 人参加的头脑风暴中选出最优方案并不容易，而上述方法能让你得到每个人的反馈，两次分组讨论又保证了方案的完善性，这样最后的结果才是名副其实的最佳方案。我希望能够全面跟踪与会者的思考过程，而大型会议欠缺的就是思考和对话。让一大帮人各抒己见，得到的想法自然不少，但周全深入的思考却极为有限。”

古兹曼这种化整为零的方法不仅适用于开展会议，也适用于公司组织架构改革。美联实业有限公司的安迪·米尔斯说，为了快速发展，他的公司会不断地成立新部门：“成立一些小部门的做法非常奏效。每隔一段时间我们就会对过于庞大的部门进行分解，让一些容易被忽视的环节成为一个独立的单元。这些业务单元虽然比通常意义上的部门要小很多，但都拥有独立的自治权，我们所有 21 个产品部门都是如此。理论上，随着公司的发展，我们会不断增加新的单元，但实际上到底会有多少项目值得自立门户，很大程度上取决于部门主管或项目经理的掌控能力，比如部门的方方面面是否被照顾得当。”

来一场“创意马拉松”

很多会议都会陷入这种境地：尽管参会人员已充分交流了想法，但当被问及最终意见时，他们还是不约而同地将目光投向会议室里那个职位最高的人。假如这位被寄予厚望的老板说，目前的五种方案中他最喜欢第二个，猜猜会发生什么？极有可能发生的情况是，第二个方案的确被大家推崇为毫无疑问的最佳之选。

为了防范这种问题，诺丁汉–斯佩克咨询公司的约翰·诺丁汉推荐了一条应对策略：“方法非常简单，第一步是充分交流观点想法，这方面的工作通常都完成得很好。令人沮丧的环节往往出现在执行上，比如当我问 6 周前进行的那个创意研讨会后续进展如何时，得到的往往是一片沉默，点子虽然记了整整一笔记本，却从来没有被付诸实践。第二步正是针对这种状况。会议讨论时我们可能有 100 个想法，但实际上值得注入心血的往往只有一两个。于是我们在开会时会用到记录卡,在人手三张的记录卡上分别写着‘哇’‘不错’和‘谁在乎呢’。开会时，记录卡面朝下摆放在桌子上。

“当某位员工解释完他的绝妙主意之后，所有人要同时举起三张卡片中的一张。假如所有人都举‘哇’，意味着那个主意确实令人惊叹，请留下它。这种场面看似简单，实则非常难得一见。同样的道理，当大部分人都举起‘谁在乎呢’，你就可以直接将这个点子剔除。

“以上两种情形都比较好应付，最难的是‘不错’出现的时候。如果产品经理在阐述他的想法后得到的回应是‘不错’，那你就要警惕了。因为要做到不错是很难的事情，甚至有些销量的确不错的产品，最终仍无法帮公司赢得好口碑。

“在这种举牌会议上，很重要的一点是要让所有人同时举牌，以免相互影响。会议主持人不能满屋子转，一个一个问参会者的意见，因为假如某位领导者先回答了，后面的人很可能会复制他的答案。”

为了让创意流淌，很多领导者会举行各式各样的“编程马拉松”(Hackathon，电脑程序员以及其他软件开发人员，如图形设计师、界面设计师与专案经理聚在一起，共同完成某项软件专案。——译者注)，让员工专注创意和新思路的开发。一个著名的案例就是谷歌允许工程师花 20% 的工作时间，去做并非与工作直接相关的、个人感兴趣的事情。普罗透斯数字医疗公司的安德鲁·汤普森采用的方法被称为“联邦快递日”，借用了联邦快递隔天送达的意思。

汤普森说：“从某种程度上说，任何人、任何团队都可以运用这种方法，我的意思是说，你可以花一小时甚至一整天的时间做某件事情，但根据联邦快递的承诺，你必须在隔日就完成。你也可以将一项重大的任务分解成四个，也就是度过四个联邦快递日，每天保证完成一个。联邦快递日的方法适用于方方面面，从极其简单的办公桌的摆放，到至关重要的公司发展战略的制定。”

有些 CEO 甚至相信颠倒员工正常的作息时间也有利于奇思妙想的产生。在线数据存储企业 Box 公司联合创始人兼 CEO 阿隆·列维（Aaron Levie）为我们描述了他所采用的编程马拉松的简单架构：“我们要求工程团队在晚上 8：00 到次日 12：00 开展工作，让他们在夜间忙活本职之外的项目，午饭时我们会邀请全公司人员都去看看工程师的杰作。这种做法很有意思，让志同道合的人一起工作，再让其他员工在原本属于自己的时间中参与其中，我认为这种颠倒让员工之间产生了工作之外的激情。”

联合娱乐集团 CEO 贾罗德·摩西说，旅游大巴和日夜颠倒的工作方式确实有助于催生灵感：“最开始公司集体出行都是搭乘飞机，后来我们想到引进旅游大巴，现在每年我们至少要乘大巴到全国各地参加各种会议 25 次。在大巴上我们创立了不可思议的企业文化。在稍显漫长的旅途中，同事之间可以深入了解对方，可以表露出在办公室里隐藏的那份率真和信任。有了这样的企业文化，创意便开始萌芽，并渐渐汇成溪流，不断流淌。创意可能来自某个笑话，也可能来自某个同事疲惫之极时的一句抱怨，最重要的是，创意不再受到阻碍。大家穿着 T 恤、短裤，挤在小小的座位上，没有 CEO，没有上下级，与其说我们是一个工作团队，还不如说是一支乐队，它带着某种魔力。

“每年我们会选择几个时段让员工颠倒作息时间，通常是下午 4：00 来上班，次日凌晨 4：00 才回家睡觉。刻意打乱生物钟带来了一些有意思的想法，因为它相当于在清理大脑。我们在整理房间时，常常会找到一些以为丢失的重要东西，整理大脑也会有意外的收获。”

数码行销公司大太空船的 CEO 麦克·莱伯维茨会专门留出时间

让员工开展一些没有特定客户的项目。

莱伯维茨说："我们有很多工作不是为了客户而是为自己而做，比如开发特定产品。在这方面我们的时间、精力投入很大。记得有一年夏天，我们开展了一项活动。活动在每周五的下午 2：00 开始，而正常情况下这个时候正是员工的下班时间。在那个夏天，每周五下班之后，员工被要求继续留在公司工作，他们当然无法接受，气氛一度相当紧张。为弥补员工损失，公司准备了丰盛的午餐。用餐结束后我们宣布，加班时大家要停止一切客户相关工作，只忙自己愿意参与的内部项目。

"所谓内部项目，其前期创意完全来自公司成员。每年我们都会从公司的内部论坛上收集一些简单的问题，经公司高层管理者审核通过后，原本可能只是一闪而过的念头被当成重要的项目予以快速执行。这个过程实际上是我们自我挖掘、自我完善的过程，也因此员工渐渐接受周五的加班，甚至期待它的到来。"

为每位员工做一张损益表

该如何挖掘员工的创业精神，让他们为了执行伟大的创意而全力以赴呢？在线聊天技术供应商 LivePerson 公司的罗伯特·洛卡希欧采用的是这样一套系统："在过去的两年里，我们在不知不觉间就开发了四五款新产品，这得益于我们创建的一套全新的产品创新体系，有了它，所有员工都可以自行开发产品。于是那些你原本从未期待过他们会主动钻研新产品的业务人员也成了优秀的开发者，因为他们最懂得客户与市场需求。

"在我们的产品创新体系中，当员工提出一个产品创意时，我们会答复他说我们没有现成的正规流程来提供帮助，所以请他成为内部创业者。成为内部创业者意味着你得到处求人、借力，统筹一切，你得激发客户的参与热情并赢得他们的信任。等你拥有几个固定客户，推出多个成功项目和产品之后，你才可以来找公司的领导小组，展示你的业务计划，评估通过后我们才会决定是否进行投资。

"有了公司的资金帮助，原本已获得客户认可的产品一般都能迅速推向市场。运用这样的方法，在不到一年的时间里，我们公司的产品阵容从 1 个丰富到了 5 个。如今，我们 15% 的订单来自这些新产品。

"为了完善产品创新体系，公司还创建了一套专门的薪酬方案。我们会对产品开发者 5 年后的业绩进行评估，为他们支付创业者级别的报酬。这样做是因为我发现，一些员工有了胸有成竹的产品创意之后，通常会选择离职去寻找其他的投资方，所以我会邀请他们留在熟悉的环境，并承诺根据产品的收益加倍投资，同时分给创业者 10% 的产品红利。"

在线视频平台布莱特卡佛公司的 CEO 杰里米·阿莱尔也认为，初创企业在发展为成熟公司的过程中保持初创精神非常关键。

阿莱尔称："领导者要让员工觉得自己肩负重大责任。公司刚起步时我们会紧盯这些问题：我们能生存下去吗？产品对路吗？市场会认可吗？渐渐地，我们开始松懈，不再时刻关心这些关乎企业生死的问题，但实际上企业的核心使命和存在意义在企业发展的任何阶段都十分重要，它是能够承载员工希望的东西，它让人们不再为工作而工作。因此，即便公司规模越来越庞大，业务越来越复杂，我仍努力保持初创精神。

"坚守初创企业的精神与公司的发展计划关系密切，那些真正懂得如何做大业务的公司都会重塑自我、创建全新的东西。一年多以前，我们从公司内部分离出一家新公司来专注于新品开发，这个激动人心的消息霎时间轰动了整家公司。员工知道这回不是老一套了，我们在重塑自我。”

被施乐公司(Xerox)于 2010 年并购的联盟计算机服务公司(ACS)的 CEO 林恩 · 布罗杰特（Lynn Blodgett）从公司早期的经历中总结出了一条原则，那就是要不断压缩问责制度，实行合理的激励机制，以挖掘员工的创业精神。

布罗杰特谈到：“假如你能激励员工自动自发地工作，效果将远远超越被动驱动。得当的激励不应只是经济上的激励，更重要的是让员工感受到他对自己的命运有所掌控，感受到自己的不可或缺，感受到他对公司、对社会有贡献。当然，金钱的问题也必须处理好。

“集中所有人的兴趣很关键。然而通常情况下，客户有客户的目标，员工有员工的目标，但领导者必须兼顾。我认为，责任越明确，业绩越出色。我还记得我们公司刚起步时的情形，当时我们只有一位投资者，每个月的业务量在 3 万美元左右。如今，联盟计算机服务公司的年收入已达 80 亿美元，运营情况比当时要复杂得多，但我们的管理和经营原则没变。每个月业务量只有 3 万美元时，我跟踪业务的方式是每天做业绩柱状图，现在我每天的职责之一仍然是柱状图。

“如何将创业激情植入大型企业呢？我们采取的方法之一是，尽可能将损益表纳入公司的各个层面。我们有针对客户的损益表，它的必要性显而易见，因为我们必须了解公司和客户的关系。不同于其他公司的是，我们会将损益表发放到那些切实操作这项工作的员工手上。假如某位员工负责一单 1 000 万美元的生意，那么他将收到我们为他做的损益表，他必须对利润、收入及客户满意度负责，这有利于员工找到精进业务的方向。

“让员工自行掌控自己的工作、担负责任、调配资源，领导者要做的只是监控过程。做到这一点，你就有机会挖掘出公司内部最高层次的激情，也就是创业激情。我希望联盟计算机服务公司是多个独资经营体的合体，这样员工就会把公司当成自己的企业。”

部门间的资源竞争也能推动创新。安迪·米尔斯介绍了他在美联实业有限公司所用的方法：“我将它命名为‘适者生存法则’，它是一种很民主的方法。公司最大的资产就是我们的销售队伍，目前规模已近 1 300 人，公司一直以来的理念是由销售队伍和其高层决定重点产品。产品评估委员会的成员包括 10 位或 12 位销售代表、几名高级销售经理以及 21 位产品分部负责人。委员会的成员必须向我们解释为何那件产品需要消耗额外的时间和精力。

“作为公司总裁，我有一张选票，但显然委员会比我更有权力。让各个产品分部相互竞争，角逐公司内部的资源分配，这种做法最终成为我们的企业文化，这样即便某个部门落选，他们也会得到合理的解释，并被鼓励重新来过。到下一季度，他们再次展示产品时，之前的问题大多已被解决，这相当于在不断地自我提升。

“当年我的父辈创建这家公司时，他们不仅自己当销售代表，还要同时兼顾其他很多事情，因此他们认为，让最了解市场的销售代表参与决策是一件非常合理的事情。和客户直接对话的员工往往比负责营销或产品开发的同事有更深刻的见解。我们非常重视市场的反应，对我们来说，**客户是市场，销售代表也是**。”

将管理者变成执行者，而不是相反

公司传统的选拔制度是将那些能出色完成给定任务的员工提升

至管理岗位，这种做法的出发点是，业绩杰出者能够感染更多的员工像他们一样努力工作，这在理论上或许成立，但实践中往往并不奏效。最终的结果往往是，不但管理工作落实不到位，明星员工在擅长领域的热情也被浇灭。美国 YES Network 电视频道 CEO 特蕾西·多尔金（Tracy Dolgin）采用了一种叫做“翻转彼得原理”（Reverse Peter Principle）的方法矫正这种现象。

多尔金先向我们解释了彼得原理：“多数人一开始都是执行者，肩负着各自的职责——市场营销、人力资源、财务或者生产。随着经验的积累，他们逐渐成了各自领域的行家里手，于是他们得到提拔。他们被提拔是因为他们是出色的执行者，与他们的管理能力无关。那么出色的执行者能否成为出色的管理者？这要看情况。彼得原理认为，人们会一再被提拔，执行得越来越少而管理得越来越多，直到他们不再受到提拔，因为他们在新的岗位不再表现卓越。**彼得原理告诉我们，你最终将停留在你最不胜任的岗位**。

“因此我决定试试翻转彼得原理。我们的公司并不是行业第一，但假如我能为各关键岗位找到最优秀的执行者，让他们少管理、多执行，创建一个扁平化组织，我相信我们将创造出一些奇迹，到那时我们将可以与一些大牌企业平等竞争，并凭借执行力上的优势将业务最大化。现在我的团队的执行力在本行业无可匹敌，关键就在于他们 90% 的时间都花在执行而非管理上。

“招聘新员工时，我通常会告诉对方我的理论——我们所有人，包括我自己，都要从管理者转变为执行者，所以我寻找的是各个特定岗位上最出色的人选。在我问他们是否赞同我的观点前，我会先问他们，在工作中，他们更喜欢管还是做。我需要的是那些会回答我喜欢执行而非管理的人。

“我也寻找那些什么都做过的人。他们通常有较长的职业经历，在回答我的第一个问题时会说，‘坦白讲，我正打算重新捋起袖子大干一场。我厌倦了每天花90%的时间来处理人际关系甚至办公室政治。假如我能专心致志地做我的产品……’我必须找到最出色的执行者，他们愿意放弃看似优渥的管理工作，并且坚信自己的选择更值得。我们希望公司更具初创企业的氛围，保持初创企业的冲劲。

“翻转彼得原理的妙处还在于，我有了支付执行者管理者级别的薪水的条件，因为扁平化的管理，公司规模大大缩减，我们的成本预算出现了富余。一位经验丰富的执行者往往能胜任六七个新人的工作，所以他也应该被支付高出数倍的薪酬。因为我们无需打造一家庞大的公司，所以我可以支付一小部分人很高的薪水，就像大型传媒公司支付给那些执行者的一样。”

反转彼得原理也曾打倒过一些人。你或许听说过这句话：真正的失败就是从不尝试失败。因为不冒险意味着没有提高，从自己的错误中能够更快速汲取成功的养分。

多尔金从翻转彼得原理中总结出一套适用于其他公司的经验：“任何一家有一定规模的公司都有一位缩小版的乔布斯。怎样找到这些‘乔布斯’，并确保他们不会因为既想做好执行又想当管理者而精疲力竭？如何打造一处类似臭鼬工厂（Skunkworks，世界武器制造巨头，以高度自治的管理模式著称。——译者注）的场所，在大公司内部葆有一块培育创新、鼓励担当执行者的土壤？在面临关键任务时，最优秀的管理者也应该重新扮演执行者的角色。

“有些公司喜欢采用金字塔式的管理模式，层级甚至多达20层。**我认为领导者必须在每一个层级都选出几个特别擅长一线工作的员工来做执行，尽管他们的资历或许早就可以被任命为管理者。**”

其他公司也采用这种理念。美国优科无线公司（Ruckus Wireless）CEO 卢绮霞（Selina Lo）表示："我喜欢聘用自信的员工做管理者，他们对职位或组织架构看得很淡，他们认为有些下属的薪水比自己高是理所应当的事情。很早之前我就公开表态，在我们公司，管理者永远不要认为下属的薪水一定比自己低，股票期权一定比自己少。我不断地强调这件事，因为公司总有新的管理者加入。

"早年我在惠普工作的时候就思考过这个问题，假如我不愿意做管理者，只想在执行层面为公司发展贡献力量，那么我为什么要受制于传统的职业发展轨迹，耐着性子学习管理之道，直至升为管理者进而受到应有的赏识？

"因此在美国优科无线公司，所有新的管理者都必须了解，下属的薪水未必比他们低。**乐于授权下属，而非事必躬亲是成为管理者的必备素质**。因此我希望由管理能力出色的人来当管理者，而不希望员工只是因为自己资历足够老而去当管理者。

"同时我也不希望公司层级太多、办事流程太复杂，办事流程和组织架构不应该成为执行的障碍。在项目执行中，即便某位员工不属于这个团队，只要他能够帮忙解决遇到的问题，我们也会毫不犹豫地将其纳入新团队。这种做法有时会令我的团队成员苦恼不已，但他们最终都能理解其中的深意。作为一家初创企业，你绝不可能有足够的资源将所有岗位配置到位，因此必须适度模糊部门界限。

"我还发现，具备创业精神的人不愿受约束，他们很喜欢在完成自己本职工作之余再多做一点，会利用自己的业余时间全身心地投入他们感兴趣的工作中。所以，如果领导者懂得适时地给员工自行生长的机会，他们会非常高兴。在这个过程中，只需要中层管理者从旁协助、把控整体进度即可。"

允许些许混乱

领导者的部分职责是平息混乱，建立流程以减少无用功，确保工作高效开展。基于这样的常理，建议领导者放松秩序管控。允许些许混乱或许有些不合时宜，但很多领导者发现，这种看似荒谬的做法的确有利于建立创新型企业文化。

奥美集团前 CEO 夏洛特·比尔斯说：“允许工作中的少许混乱是一种艺术。领导者必须明白，**员工越是多样化，越是不让人省心，你们才越有可能创造出全新的东西**。容忍一定程度的不适，是很重要的管理方式。在数字时代，人们往往过于依赖逻辑、数据和事实，然而所有的激情和创新都是不合逻辑的。作为领导者，你必须具备容忍混乱的能力，否则，你将会离创新越来越远。我担心我们越来越关注可证实的东西，因此忽略激情这种很难被量化的重要品质。”

大太空船公司的 CEO 麦克·莱伯维茨也赞同比尔斯的观点，他甚至为鼓励混乱而专门提供了预算。

莱伯维茨说：“只要员工能够专注于工作，即便出现些许混乱也无伤大雅，某种程度上，我甚至授意员工制造混乱，我对不确定和不可知的结果十分期待。公司每月会给每个部门提供一笔预算，员工可以将其用在任何地方，即便与工作的关联度不大也可以，只要是他感兴趣的领域。

“我们不是要建立乌托邦，我们仍是一家追求利润的公司，但我希望通过些许无序的状态，让公司更自然、更合常理。尽管这种做法会让事情变得更复杂，增加工作难度，但它未必会降低效率。所谓高效，我认为那是工业时代人们的一种假设，当时效率是决定一切的核心因素，但随着社会的发展，保持高效不再是衡量我们行业最重要的标准。我们还发现，提升我们工作效率的东西，运用到了另外一个行业反而会导致效率的降低。”

动物星球频道总裁马乔里·卡普兰总结出的经验是，让领导者接纳工作中的混乱或许还得花点时间。

卡普兰表示：“一般来说，一切组织总喜欢自我审查，以保证自己在发展和决策过程中不出现任何混乱，与之相反的是，我认为混乱是创新的必需品。领导者当然不能让组织始终处于混乱状态，但也不能始终按部就班。**真正的创新来自对混乱的容忍，以及在正确的时间做出正确的决策并全力执行**。

“近几年我刻意提升自己对混乱的容忍能力，所以我知道，让领导者对无序状态视而不见是多么困难。在公司经营中，我比以前更多依赖高管团队，他们比我更擅长组织建设，我渐渐懂得真正信赖自己的团队。学会利用合理的混乱，需要经验的支撑。创造力既可怕又麻烦，你无法通过努力既做好手头上的工作，又想到一个绝妙的、颠覆性的主意，你的勤勤恳恳换来的不过是更加符合逻辑的方案，因此你必须想方设法尝试那些貌似无厘头的想法，让那些习惯于按部就班的员工跳出自己的圈子天马行空起来，然后再考虑收紧他们的时机。”

敞开胸怀，保持乐观

非营利组织哈莱姆儿童特区的 CEO 杰弗里·卡纳达和设计软件供应商欧特克公司的 CEO 卡尔·巴斯将为我们提供了两条公司如何更明智地自省的建议：一是要专注已然启动的工作；二是要始终向前看，不满足于现状。

卡纳达指出，创新具有保质期：“创新的状态一般能保持 18 个月。

比方说要落实一项规模宏大的创新计划，即便所有资源、人力配置到位，一切井然有序，如果项目在启动后的 18 个月内不加紧推进完成，项目的进程和最终效果将会大打折扣。创新的激情不会随着时间的推移而积累，它只会逐渐消退。

“从管理层面来说，我们在公司里经常遇到的挑战之一，就是没有人愿意关注身后的事情，不愿意重复那些已经做过很多遍的工作，所有人都想着推出全新的概念，却从不关注其他那些对公司而言至关重要的根本性问题。假如你不定期审视、维护已然发生的事情，你以为已经完成的工作就会开始走样，最终你不得不重新来过。”

欧特克公司的 CEO 卡尔·巴斯就如何持续培育创新精神阐述了自己的想法：“近期我非常关注如何让公司保持初创时期的创新精神和前沿性优势。公司如何正确地看待自己，关系着这家公司的命运。打个比方，我们现在看到的星光，可能来自一颗很久之前就已陨灭的星星，公司的发展也一样。我们用销售收入、利润和各种财务数据来衡量自身，而当初的创新灵感其实早已湮灭不闻。

“这是一种非常可笑的反馈机制，因为你得到的结果得益于之前发生的事情，而不是当下。也许贡献全部公司销售收入的正是当年大学宿舍里萌发的某个绝妙灵感，而时过境迁之后，你是否还能产生新的灵感来支撑明日的前行？

“随着职业生涯的延长以及对大公司管理方法的接触日渐加深，我开始思考我们正在做的各种事情是否真的有意义，我们到底是在向前发展还是在为往日取得的些许成就沾沾自喜？**让领导者承认这一点很难，即今天显现的各种结果，绝大部分来自前期的铺垫，而期间的过程只是惯性使然，至于明日我们会有怎样的结局，不得而知。**”

任何追求创新文化的领导者最好谨记“二十四法则”，这是投资公司 Cue Ball 的 CEO 安东尼·詹（Tony Tjan）的观点。

安东尼·詹在访谈中说："我有位导师叫杰伊·恰特（Jay Chiat），是恰特 / 戴广告公司（Chiat/Day）的联合创始人，他有着异乎常人的乐观精神，尤其是在培养新人方面。他从不轻易批判和否定任何人的想法，他总能找出各种看似荒谬的想法的可行性。而且我认为批判是人的秉性之一，我们热爱吹毛求疵，但恰特却能攻克人性的弱点。当年岁渐长，阅历渐丰，睿智是好事，但我们也必须保持谨慎，切勿不假思索地将自己的思维方式和经验强加于人。

"恰特民主开放的风范现在已被我转换成公司的一条规矩，我希望所有员工都能以他为榜样。所以当别人告诉你某个主意时，请在批判之前先尽量缓上 24 秒；待功力加深，可以等上 24 分钟；如果真的参透了乐观之道，你便可以等上 24 小时，用一天的时间来思考那个想法的可行性。我最喜欢埃莉诺·罗斯福（Eleanor Roosevelt）的这句名言：未来属于那些坚信自己梦想之美的人。"

第15章

假如还不奏效，来点娱乐精神

设想一下，假如平日里塞满西装革履的商务人士的办公室，一下子成了嬉笑欢乐的儿童游乐场，员工的心态会产生怎样的变化？一场严肃沉闷的改革研讨会与一场剑拔弩张、令人振奋的改革辩论会，对员工来说，哪一个更具吸引力？

灵感没有枯竭，是我们没有找到进入创新王国的正确入口。

幽默就是我的灵丹妙药。

莱维连锁餐厅 CEO
安迪·兰辛

电视剧《办公室》（*The Office*）中的办公室经理麦克·斯科特（Michael Scott）充分揭示了企业文化的阴暗面，在某个情节中，麦克毫不脸红地表示："我敢发誓，假如让我当上这个办公室经理，下属远远看到我来就会笑脸相迎，见到我走会鼓掌相送。"

在 2009 年的一次采访中，麦克·斯科特的扮演者史蒂夫·卡瑞尔（Steve Carell）在谈到斯科特这个角色时说："我认为他显然缺乏自知之明。我总说，但凡他能感受到一丝真实的自己，他的脑袋就会炸掉。正如有人评论的那样，假如你不认识斯科特这类人，那么你自己就是斯科特。"

很多领导者不愿在办公室开玩笑，大概就是害怕成为斯科特，老老实实专注本职工作当然要保险得多。然而这种妥帖简直糟透了，因为再没有什么能比开几个率真有益的玩笑，让彼此开怀一笑更能凝聚人心的了，正如幽默喜剧大师维托·埔柱（Victor Borge）所说："笑最能拉近两个人的距离。"

那么在工作中开玩笑的尺度怎么把控？要回答这个问题，就好比要解构一个笑话，分析笑点、琢磨节奏与语言，但从根本上说，幽默关键还在于表达的时机和方式。有些公司有睡衣日，而万圣节自然是美国企业界的赎罪日，在这一天员工可以着奇装异服、装饰办公室。

但狂欢活动并不适用于所有公司，为避免成为下一个斯科特，最简单易行的方法就是让员工自己出点子鼓舞团队士气，如果员工提出需要时间和预算来装扮万圣节办公室，领导者最好点头应允而不是出言阻止。

“恐龙日”与“翘班日”

非营利组织 First Book 有一项传统，叫做“恐龙日”，这一天所有的员工都会穿上印有恐龙图案的 T 恤。CEO 凯尔 · 齐默解释说恐龙日的目的是拿他自己开涮。

齐默说：“设立恐龙日的起因是为了庆祝我毫无创意的介绍技巧，当我每次介绍 First Book 时都举这么一个例子，‘假如你是一位老师，想教三年级学生有关恐龙的知识，说三月是恐龙月……’我没意识到同样的话我已经说过无数遍，但其他人都记得，于是就有了现在一年一度的恐龙日活动。在恐龙日，我们会举行盛大的聚餐活动，这是员工集体揶揄我的好时机。”

当然，在 CEO 学会自嘲的同时，员工心里必须清楚老板只接受玩笑性质的讥讽。Appirio 云计算公司的 CEO 克里斯 · 巴尔宾说过，开玩笑是他们公司的三大核心价值观之一。在他们公司，有位聪明的员工就针对巴尔宾和联合创始人纳林德 · 辛格（Narinder Sing）精心策划过一场恶作剧。

巴尔宾回忆道：“有位员工向我提了个绝妙的主意，她建议我们照纳林德的样子做一批摇头娃娃，然后分发给每位员工。于是我自掏腰包，做了 400 个，记得价格还挺贵！我认为这是我们公司有史以来最棒的主意了。最妙的是，她给纳林德出了同样主意，这下子每位员工就有了两个摇头娃娃，一个是他，一个是我。”

印象笔记公司的 CEO 菲尔·利宾离开办公室后，仍可以通过一个装有赛格威式平衡系统的机器人在办公室里转来转去，并且通过装在机器人身上的双向交互屏幕与员工进行实时交流。

利宾解释说：“不在办公室的时候，我可以通过网络控制那台机器人，通过它的眼睛和耳朵，我可以接收图像和声音，而机器人身上的屏幕可以让员工看到我。这台机器人是我和员工随意交流的有效渠道。机器人身上装有激光笔，我跟员工可以通过它互相打闹，没有激光笔的机器人像个十足的书呆子，无趣得要命。但事实上我们每个人都是书呆子，这源自 DNA，同样，幽默也源自 DNA。”

Conductor 公司的联合创始人塞斯将开玩笑的场合选在每周例行的全员大会上。

塞斯说：“每周五我们都会召集全员回顾上一周的问题，会议会持续 10 ~ 40 分钟，这取决于上周的工作量。我们也会在会上介绍上周新加入的员工，我会稍稍为难他们一下，让每个人做公开演讲，有时候我也会提些有趣的问题，比如让他们给大家讲讲最令自己尴尬的亲戚或事情。

“公司还有个大转盘，用以评选每周之星。说是评选，其实结果是由程序随机选出的，虽然无关业绩，但它仍是荣誉的象征。评选过程也是员工加深彼此了解的重要时刻。被选中的本周之星要在全公司同事面前现场表演才艺。

“随着公司规模的扩大，转盘游戏创造的轻松氛围也日渐重要，这种方式促进了不同部门同事之间的交流与沟通，否则我相信一定会有人不认识办公室另一侧的同事。我们还设立了‘翘班日’，当天员工可以提前下班回家。公司活泼开放的文化释放了员工的本性，有一回他们竟制作了一张我额头青筋暴露、怒发冲冠的照片，于是我不得不当着全公司的面挤出那张怒气冲天的脸。”

营造竞争氛围

加州南湾印刷公司的联合创始人程美真表示，她喜欢雇用争强好胜的员工，这类员工积极筹划的有趣活动，正是该公司文化的体现。

程美真说：“高技能的人才是我们所需要的，但相比之下，我更愿意选择那些无法容忍失败的人，因此在员工招聘时我会问很多触及候选人竞争天性的问题。有没有参加过竞技体育？玩什么乐器？有没有参加过辩论赛？为什么想来我们公司？不甘落后的员工越来越多，公司也变得非常有竞争力。每年 10 月份，我们会举行食神南瓜节，每位员工都必须在办公室里以南瓜为原料做一道菜。员工非常兴奋，他们把煤气灯搬来做焦糖布丁，或者干脆来个雕南瓜大赛。我认为这也从侧面反映了员工同心协力、全力以赴做事的重要性，我们也确实是抱着这种在合作中竞争的态度一起工作。”

莱维连锁餐厅（Levy Restaurants）的 CEO 安迪·兰辛（Andy Lansing）会借助巡视全国各家门店的机会开展一些竞争性的活动。

兰辛谈到：“我不喜欢那种围炉谈话的沟通方式，正儿八经地介绍公司发展的最新情况在我看来相当无趣，因此我们成立了一项很好玩的活动，叫做‘与安迪一路同行’。无论去哪家门店，我都会用微型摄像机拍一段视频，内容有时是关于我们某位值得隆重介绍的优秀员工，有时是某家门店独家推出的一道令人赞不绝口的特色菜，最终我会把这些视频上传网络，并分享给公司所有员工观看。

“有时我会给一组视频设定一个主题，从而形成一个系列专题，好让各门店相互竞争，比如‘疯狂三月’。‘疯狂三月’举办期间，全国 100 家门店都提交了一段一分钟的视频，向我展示我为何应该到他们的门店去。有家门店甚至真的请了几位职业运动员在视频里冲着我喊，‘来吧，安迪，你真得过来看看我们的杰作！’还有些门店为此设计了吉祥物。在我看来，正是这些有意思的平凡小事构成了公司的文化。

“我不喜欢当那种说话正经八百的 CEO, 也不喜欢在一大溜话筒后面进行大会堂式的演讲，那不符合我的个性。我的管理哲学是，越随意、越幽默越好。我不是说你要成为喜剧演员，但幽默是我的灵丹妙药。酒店业的竞争日益激烈,但假如你能像我那样开心愉快地工作，结果肯定会不一样。”

灯具制造及销售公司 Bulbrite 的总裁凯茜·蔡说，节假日也是拉近员工距离，建设团队的好时机：“每年圣诞节我们都会举行圣诞树装饰大赛。我们把员工分成两人一组，每组有半小时的装饰时间，然后我们一一评比每棵圣诞树，之后颁发出各种奖项，比如‘光彩夺目奖’、‘循环利用奖’，后者基本上是说那是最难看的圣诞树了。比赛一直相当激烈。”

与圣诞树装饰大赛类似，点评网站 Angie’s List 会利用停车场举办一年一度的肥皂盒赛车大赛。其 CMO 安吉·希克斯表示：“每年五月的第三个周五，我们会举行肥皂盒赛车大赛。各个部门被拆分成几个小组参与比赛，因此平日并无交集的同事必须联手合作。当天早上，各组成员需带着本组分到的 70 美金经费购置相应的材料以打造出一辆肥皂盒赛车。中午一过，我们便开始在有点坡度的停车场进行赛车。这项活动甚至吸引了某些供应商专程搭飞机过来参加。”

皇家加勒比游轮公司（Royal Caribbean Cruises）的 CEO 理查德·D. 费恩（Richard D. Fain）说，在公司内部组建辩论队、举行辩论比赛不仅有趣还十分有利于公司文化建设。

费恩说：“工作中难免需要讨论一些事项，比如计算机系统是否需要升级、公司政策要如何完善等。有一年我们做了件有趣的事情，我们从各个部门以及游轮航线品牌团队中各抽调了 6 人，组成两支辩论队伍以展开比赛，两支队伍需要从特定的立场阐述同一个命题。辩论赛花了大约两个月的准备时间。

“我们设有 5 名裁判，外加 40 名观众。辩论现场所有的人都情绪高涨，真是令人振奋。值得一提的是，其中一位销售主管所处的的立场与她平常一贯的观点恰恰相反，但她的表现真是精彩极了！

“举行辩论赛是相当长一段时间里我们做得比较成功的一件事。虽然一开始，有不少员工问我为什么他们非得做这些事情，但通过公开辩论，当两种观点相互抗衡，而突然之间所有人都一言不发时，你便知道你找到两者共同的弱点了，这就是公司内部辩论的意义。他们展现在我面前的是我始料未及或者从未想过的结局。那次辩论之后，我们决定放弃同时做两个项目而专攻一方，而假如没有辩论，公司绝对会选择做两个普通的项目而放弃那个实际更可能创造神话的项目。

“经验告诉我，人们乐于接受挑战。只要挑战有理有据，员工都会欣然接受并全力以赴，他们乐于展现自己的技能和天赋。”

抓住灵感，急中生智

洲际酒店集团（Intercontinental Hotels Group）前 CEO 安德鲁·科

斯雷特（Andrew Cosslett）与我们分享了一个令人难忘的故事，可以说明即兴表演的重要性。

科斯雷特说："接手公司之后，我迅速组建了一支由 200 位管理人员组成的团队，当时我认为如果沿用正常的行政管理系统，公司不可能在短时间内完成预期目标。我之所以认为组建 200 人的团队可行，是因为我自信具备快速了解 200 位员工的能力，我对自己的记忆力和与人打交道的技巧相当自豪。团队名字叫做'圆桌骑士'，我们在圆桌上放置了每个人的肖像，每年颁发骑士奖以奖励个人，并时时鼓励团队合作。于是我们建立起了关于荣誉、行为和价值观的准则，这正是我心目中的团队应具备的素质。"

我对科斯雷特直言不讳地说，"圆桌骑士"听起来很俗气，结果他哈哈一笑，表示："它听起来或许是俗气，但是它确实有效，员工非常乐意接受骑士称号，并遵守我们的骑士原则。我提出这个名字时当然是希望被采纳，但如果采用强迫手段，结果一定非常糟糕，幸好我的伙伴自愿接受了它。

"给这个 200 人的团队起名字并不是件容易事，当时我们碰巧在酒店一个叫做亚瑟王法庭的房间开会，房间里面装饰有各种骑士模型、盔甲、古老的章纹旗帜。我一走进去就想到何不借用一下这个名字呢？于是圆桌骑士诞生了。

"圆桌骑士成立之后，这 200 位员工首次以团队的名义聚到一起，他们有了明显的身份认同感，我开始称呼他们莱斯利阁下、哈罗德阁下、亚当阁下，在开玩笑中，团队凝聚力渐渐增强。在工作过程中，我们会实时颁发各种奖项，及时鼓励，于是他们对自己、对团队都深感骄傲。"

第 16 章

成为好领导，而不是好人

与下属一样，卡纳达希望学校的学生受到最好的教育和照顾，然而共同的目标并没有阻止双方对立局面的形成，面对质疑，卡纳达要如何应对？

CEO 史蒂夫·凯斯因不苟言笑、冷酷无情而被员工称为“墙壁”。尽管备受员工轻蔑，但凯斯始终能够掌握领导先机，他是怎样做到的？

作为领导者，

我从不指望员工喜欢我，

他们只要信任并尊重我即可。

乐购集团前 CEO

特里·莱希

美国在线公司联合创始人史蒂夫·凯斯回忆起自己二十五六岁时从公司联合创始人吉姆·肯西（Jim Kimsey）那里学到的关于领导者如何界定自身角色的经验：“初入职场时，我认为卓越的工作表现至关重要，让人们知道你在努力工作是获得成功的不二法门。但吉姆告诉我的道理却与之相反，他说领导的最高境界在于设定优先事项、打造团队以及让自己一早起来就几乎无事可干。我承认这是很美好的目标，但它同时不可企及，让合适的团队依据优先事项清单执行任务谈何容易？

“吉姆认为，忙碌不是目的，建立标准流程解放管理者才是领导的真谛，他这种多少有点放任自流的管理方式，让传统的企业家有些为难。但后来我明白，有时候管理者必须学会放手，必须后退一步隐于幕后。从根本上说，这种做法是对自己团队以及自己的一种信任，说明你已对愿景、优先事项以及团队建设胸有成竹。”

吉姆放任自流式的管理理念当然非常诱人。如果一位领导者能够制定出色的战略，组建高效的团队，结果会怎样？假如他能创建一种计划简洁有力、价值观清晰明朗、员工互敬互爱、勇于担当并坦诚率真的企业文化，结果会怎样？假如他能将本书中的一切理念都付诸实践，选拔出优秀的管理者、保持沟通顺畅、不掩盖问题、持续学习、摒除小团体主义、高效创新同时不忘制造工作乐趣，结果又会怎样？

假如所有管理目标都实现了，领导者还有什么工作可做？

某些时候，你必须铁面无私

领导者必须视所有员工为一个团队，请不能履行职责的员工离开。辞退员工或许为难，但这确实很关键。联合国儿童基金会美国分会的 CEO 卡莉尔·M. 斯特恩一上任就对自己的管理团队提出了强硬要求。

斯特恩说：“我在履新的头半年邀请了所有员工与我共进早餐，我邀请每位高管和老员工各自列一份清单向我说明各自团队中最聪明和最优秀的员工。收到名单后我说，‘现在你们有一年的时间来维护自己的团队，年底的时候，如果这些员工不再出现在新名单上，请给我一个你留用他们或者开除他们的理由。如果我们打算吸引最聪明和最优秀的员工，我们只能留下最聪明和最优秀的员工’。

“基于以上理论，我们快速调整了用人方针。有些员工确实非常擅长自己的工作，但他们不会与人相处，那么他就不是我们想要的人。工作技能可以教授，而如何与人合作却是一时半会学不会的东西。”

大西洋唱片集团的 COO 朱莉·格林瓦尔德对她的高管团队的管理也非常严厉，目的是让他们时刻警惕自满情绪。

朱莉表示：“每隔 4 ～ 6 个月，我就会询问高管团队，‘你们用的是不是最优秀的下属？你的下属是否已经足够优秀到取代你自己？’假如我得到否定的回答，那么请让那些不满足条件的员工回家。不要怕失去熟悉的员工，外面有大把优秀的新人，我们唯一要担心的就是自己的员工不是最优秀的。我不断地追问和督促高管团队，以确保我们用对了人。即便高管出错了，那也无妨，让我们及时吸取教训，重新招纳最优秀的员工。我试图让我的管理团队明白，**每一个岗位都关系着所有人的工作，因为让其他人为你们的薄弱环节买单非常不公平**。通过略显严厉的方法，我希望大家不要自得自满。”

哈莱姆儿童特区的杰弗瑞·卡纳达说，他的失败教训是领导者在鼓励员工各司其职方面能做的工作实际极其有限。

卡纳达说：“我曾服务过马萨诸塞州的某所学校，在那里我们的管理工作都靠共识和常理。这听来还不错，但实际上却是一种执行起来异常困难的方式，因为要想说服所有的人去做某件特定的事情，尤其是事情难度较高的时候，合作变得几乎不可能。

“学校的教师、助教和其他工作人员共计 25 人。从一个人见人爱的好人变成不受待见的恶人没有花费我太多时间，他们很快便指责我‘总把自己当老大，做任何事情都由着自己的性子来’。当时我在做一件备受瞩目的事情，我正试图改变所有的人早已习以为常的工作方式，我明确表示学校没有对学生负好责，我觉得我们完全可以做得更好。

“那是我第一次意识到，得到人们的喜爱，或者说当一名优秀的管理者对工作的推进毫无意义。我的确想让人们喜欢我，我也积极配合大家的工作，但最终发现平日里的友好关系在稍具挑战的任务面前简直不堪一击。在那种环境下进行管理非常困难，因为管理的前提是获得员工的支持，假如大家根本不认可你、不支持你，一心希望你的计划落空，以证明他们手握真理，那么管理就变得相当复杂。

“我花了一年时间说服同事做出改变，并给我尝试的机会，最后证明我是浪费了整整一年，还不如从一开始就直接对他们讲，好吧，谢谢，道不同不相为谋，你们请自便，让我和剩下的同仁合作就好。

“那次的教训可谓惨痛，如今我会对员工明确地说，我会尊重他们的意见，也会听取其他各种反馈，然而一旦决定做出，即便他们不认同，也只能说服自己服从命令。假如当我们尽了全力而结果并不理想时，我也坦然认错并调整方向。”

《青少年时尚》杂志的主编艾米·阿斯特利讲述了自己适应强硬的领导作风以及传递坏消息的过程。

“不管是之前在《时尚》（*Vogue*）杂志还是如今的《青少年时尚》杂志，我的工作都是管理创意人员。管理创意人员与管理从事定量工作的员工大有区别，前者的所有的工作都是定性不定量的，完成状况如何、绩效如何评估完全取决于管理者的主观评价，这意味着管理非常情绪化。我记得为了能替《时尚》杂志引进一位更有经验的作者，我曾辞退一位并未失职的年轻人。我所有管理工作的最终目的是让自己负责的作品尽可能优秀，为了实现目标，牺牲在所难免。

“对员工严厉不代表关爱的缺失，我在要求他们给出最好的作品的同时，也恳请他们配合我，因为他们是我的伙伴。此外，我也会真诚地博得他们的谅解。有时候，我们不得不承认，别人的东西确实比自己的更优秀。事实很残酷，但我们必须学会接受。

“随着年龄的增长，人们直面现实的能力也逐渐增强，但对于年轻管理者来说，获得下属的尊重和认可的确需要经历一番波折。如今我尽量温和待人，但绝不对自己做出的决定感觉抱歉，因为掌管一家企业你需要做出艰难的决定。一切都必须做到极致。假如有人比你处理得更好，那就由他控制局面。我只想让最强壮的那匹马把车子拉到山顶，就那么简单。想达到优秀不容易，但我希望我的团队能够接受那样的高标准，否则他们就不是我想要的员工。”

CEO 是公司的“减震器”

掌握好制造紧迫感和实施变革之间的平衡，是领导者面临的最大挑战之一。改变过猛过快，员工可能跟不上脚步，力度不够又有被市场淘汰的风险。在访谈中，很多领导者都谈到步调一致、避免大起大落、设定合理的变革步伐的重要性。

Continuum 设计咨询公司的 CEO 哈利·韦斯特认为：“步调对于一个组织而言至关重要。领导一家企业，通常是指领导变革，在这方面美国未来学家罗伊·阿马拉（Roy Amara）有句中肯的言论，‘我们容易高估技术在短期内的影响力，却又容易低估其长期的影响力’。我认为其中的深意同样适用于组织内部的变革。

“以前，我高估了短期内自己所能影响到的变革范围，同时又完全低估了自己在这方面的长期影响力，失败的经验告诉我，谨慎思考变革的步调很关键，因为这不仅关系到员工，更关乎整家公司的命运。”

欧特克公司 CEO 卡尔·巴斯的领悟与韦斯特不谋而合：“公司规模较小时，保持步调一致相对容易，而规模越大，变革之前的铺垫和调整就越多。小公司就像个小榔头，你可以前前后后抡得飞快，大公司则像把大锤子，光拿起来就得花大力气，而一旦你砸下去，威力也相当强大。因此要提高警惕，你正在做的很多工作，或许短期内成效不大，却是必需铺垫，为的是日后你能挥起大锤，砸出大影响。

“掌管大公司的经历给我的另一点启示是，CEO 就好比客车司机，你开得摇摇晃晃，乘客都会犯晕恶心，你开得平顺稳定，乘客自然旅途愉悦。此外，客车司机要保持清醒的头脑，切勿一会儿想去这儿，一会儿要去那儿，最好提前就制定好行程并严格遵守。”

手机服务网站 Foursquare 的 CEO 丹尼斯·克劳利说，他意识到对自己和团队应该有两套要求，团队必须专注于当前的计划，而他自己要尽早想到了接下来的行动方向。

克劳利说："讨论项目推进情况时我们必须更加克制。以前开会的时候，我会照着笔记本与每位员工逐条执行事宜，'等我们做完这个，我们打算做这个，然后是这个……'但后来我发现，这样的会议中只有我一个人相当兴奋，而员工则显得兴趣阑珊，一瞬间我意识到，对那些以执行当前计划为重的员工来说，整体的部署只会让他们分心，会让他们错以为我不看重他当下的任务而更青睐下一个环节。于是我学会了在恰当的时候闭上嘴巴，尽管那话题我很感兴趣。"

数字效果营销品牌安布思沛公司 CEO 罗伯特·默里要他的团队随时准备接受各自角色的调整以及公司结构的变革。通过提前告知，当变革真正发生时，员工才不会觉得惊讶。

默里说："公司发展很快，差不多每隔 18 个月，公司就会出现一些重大的结构调整。我始终坚信并且不断督促员工，接受变革，勇于发展才能成就卓越。我对他们说，假如你认定做事只有一种方法，打算一条路走到黑，那么你很可能在这里待不下去，也将与荣耀无缘。我们的团队必须十分灵活、适应性极强，明白变革可能在一瞬间发生。我们现在的行事方式非常有可能在明天被颠覆。"

多位领导者谈到处理事务切忌情绪大起大落。科技公司 GenArts 的 CEO 凯瑟琳·海斯(Katherine Hays)说："不管是好消息还是坏消息，把信息放到具体情境当中来处理十分关键。我很擅长将各种信息联系起来处理，曾与我共事的一些董事也非常精于此道，他们绝不会对任何消息反应过激。

"大学加入皮划艇队的经历让我体会到，必须全神贯注于当下，绝不能因刚完成某个相当出色的战术或稍稍处于下风而分心，不要对已经发生的事情念念不忘，因为你不可能改变历史。这不是说我们不能暂停一下庆祝一番，但你必须掌握好平衡，不忘保持对接下去几步的关注。”

美国环境新闻网站 CEO 乔尔 · 巴比特说他逐渐学会了更加从容地面对问题。巴比特在访谈中说：“早些时候，不管是处理日常事务、做重大决策还是面对巨大成功的时候，我都比现在更情绪化。后来我告诉自己即使出现重大失误也不是世界末日，诸事顺利也不必开心过头，因为或许事情并没有看起来的那么乐观，所谓的高潮和低谷绝不像你想象的那般大起大落。不过知易行难，现在我偶尔还会气急败坏。”

史蒂夫 · 凯斯担任美国在线 CEO 时正值公司的快速发展期，在那里他学会了如何扮演、“减震器”的角色。

凯斯表示：“我是非常平和冷静的管理者，同事甚至给我起个绰号叫‘墙壁’，语带轻蔑但实际上也非常贴切，因为我确实与员工接触不多，也极少外露情感。但是，‘墙壁’自有用武之处。当时我们胸怀大志，努力想要改变世界，但我们也知道在未来的 10 ～ 15 年，公司必然会经历无数浮沉，我们有可能成为最聪明的公司征服全世界，也可能第二天就变为最蠢的公司关门大吉。

“因此我决定扮演公司的‘减震器’，尤其针对管理层。我的基本观点是，时运好时，我们没有人们赞扬的那般出色；时运糟时，我们也没有人们批判的那般差劲。我的职责就是缓和那些大起大落的动荡。于是，在景况较好时，我会吝啬赞扬，甚至刻意泼冷水让气氛紧张起来。

“从本质上说，我的目标是将员工赶出舒适区。当他们认为是时候欢庆胜利时，我会冷峻地指出，‘这部分做得不错，但其他方面呢？你没多少时间庆祝，我们还有下一次战斗’。相反，当形势严峻、困难重重、士气低落时，我选择乐观以待，为他们加油打气，鼓励他们追逐目标，坚信这是一场值得付出的重要战役，并且让他们相信我们有足够的实力渡过难关。

“我想世界上确实存在平步青云的公司，但数量极少，多数公司都要经历高起低伏，认识到这一点并结合实际情况适时调整行动，关系着公司的未来。”

员工信任是检验领导力的唯一标准

高效的企业文化建立在相互信任的基础之上，想要员工在工作中展现出最佳自我，就必须让他们感受到信心，这种信心体现在多种方面，例如，公司规范是否明确，所有员工是否被公正对待，领导者是否言出必行。

领导者也会犯错误，所以员工懂得战略会失效以及方向需要调整，但这不是说领导者可以背弃诚信与正直，可以忽略下属的感受。领导者做出的任何决定，即便不能获得众人的拥护，也应该确实是出于公司利益的考量。

美国艺电公司（Electronic Arts）前 CEO 约翰·里奇蒂耶洛（John Riccitiello）对信任在促进高效领导力方面的促进作用理解尤深。

里奇蒂耶洛表示：“关于领导力，我想说的一点是，你必须绝对真诚，你必须知道自己真正信仰和珍惜的是什么，并且始终如一。多年前，因为社交网络和移动电话带来的数字化转型，公司的传统业务陷入了困境，于是我们不得不彻底转型。

“转型期间，我向员工承诺两件事：第一，公司不会牺牲产品质量来换取更低的成本；第二，如果你在主打产品的研发和市场推广中居于关键位置，不仅整个团队会支持你，我也会把清理障碍、助你成功当成自己的首要工作。这两方面实际上是我长期以来贯彻的理念，在转型期我依然选择始终如一，尽管当时我们的处境已今非昔比。当员工知道自己的工作、所在的公司都将发生变化时，要想让他们继续拥护你，你就必须替他们保留几样始终如一的东西，那是我们必须坚守的底线。

“这两个承诺把我的立场非常明确地传达给众人，若没有这样的保证，很难想象会有员工离我而去。解雇员工也是同样的操作方式，绝不能允许流言蜚语的存在。流言蜚语是破坏公司正常发展的负能量滋生蔓延的结果。

“当然，领导者不可能永远做出正确的决策，但我希望确认的一点是，我指挥员工调整做事方式后，那些从前尊重我的员工会仍然尊重我，我信赖的员工仍然值得信赖，我希望我们会比从前更亲近。我们在调整公司方向时，必须坚守一些东西。我希望早上起来我还愿意尊重自己，自重是做事的基础，是我应对困境的能量来源。”

乐购集团（Tesco）前 CEO 特里 · 莱希（Terry Leahy）自豪地说，通过梳理公司价值观，信任已成为乐购集团企业文化的基石。

莱希说：“在我就任 CEO 之前，我曾花了一年时间与乐购集团的所有员工聚会讨论两个问题——你认为乐购集团代表什么？你希望乐购集团代表什么？乐购集团的黄金法则是用你希望别人对待你的方式对待别人，员工要准备好全身心地为他人服务，但同时也渴望与人为善、保持尊严的企业文化。所以不出意料，我收获的答案非常简单，概括起来就是两条，服务他人，以礼相待。

“这两条总结起来就是在工作中慷慨大方，避免自私自利。然而，现实中我们常常可以见到一些孤立无助的人，他们或许野心勃勃，或许缺乏安全感，只管索取，从不付出。对这类人而言，做出转变的必要性不言而喻，但并非人人都能做到，有时最聪明的人反而最糊涂，因为他们确实比身边的人具备更强的能力，他们的唯我独尊不可能在朝夕之间消除。我发现那些陷入困境的公司，究其原因主要在于人与人之间信任的缺失。领导者怀疑员工，员工又彼此保留隐藏。高明的领导者必须创造条件建立团队信任，促进员工合作，这才是公司真正强大起来的关键。

“让员工保持良好的自我感觉有助于构建团队信任。官僚主义、办公室政治容易削弱人的自尊，因此，假如你能有意识地强化员工的自信心，让他们感觉到自己在公司举足轻重并获得了同事的尊重，员工会自然而然地卸下盔甲释放出潜力。作为领导者，我从不指望员工喜欢我，他们只要信任并尊重我即可。为赢得信任和尊重，我的方法是言行始终如一。假如你不能对所有员工一视同仁，或者习惯于朝令夕改，员工当然会远离你。另外，请延续成功神话，假如一路走来你的表现乏善可陈，甚至劣迹斑斑，就很难维系信任。”

高处不胜寒。尽管很多公司的领导者有董事会和高管团队来提供建议，但很多时候他们要孤军奋战，独自应对困难，对此，有些领导者会不堪重负，有些则乐此不疲。

“我喜欢主导大局，无论什么问题，通常我都乐于面对。”荷兰国际集团网上银行前 CEO 阿卡迪 · 库尔曼说，“我喜欢扮演救火队员的角色，我是发自内心地喜欢‘救火’。我觉得那是个性使然，它源自你的 DNA。”

结　语

聚焦重点，打造高效能企业文化

领导者面临着无休止的挑战，其中一条便是领导者必须有能力平衡两种对抗力量和冲突。

“我们是在经营公司，因此必须有切实的担当。” 非营利组织聪明人基金会（Acumen Fund）的 CEO 贾桂琳·诺佛葛拉兹（Jacqueline Novogratz）说，“我们的成本控制非常严苛，但同时也必须非常慷慨，毕竟我们服务地区的人均日收入只有 1 ～ 2 美元。我们总说要重视倾听的力量，认为它是卓越领导力的关键部分，但有时候你其实已经听得太多了，是时候做出决定了。

“在思考我们的价值观时我习惯于两两结合，并平衡每一对之间的张力。比如说倾听和领导力，担当和气度，谦卑和胆识。你必须谦卑地与贫民相处，但也必须具备胆识，清楚自己为何改变，并不顾一切地执行。”

贾桂琳的平衡理论为我们思考创新文化带来了一个全新的角度，因为平衡暗藏着矛盾。

Qualtrics 公司 CEO 瑞安·史密斯认为：“多数公司之所以会失败

是因为不能聚焦重点，他们总是专注于市场上无足轻重的东西，毫无目标地东打西撞，或者致力于成为办公室政治中的赢家。这些公司并非不聪明，也不缺乏优秀业务，只是注意力被分散了。”

我写本书的目的，就是想帮助领导者剔除组织中干扰成功的因素，以创建高效的企业文化。同时我也希望，在阅读本书之后，领导者会发现其中的道理，同时可以更好地管理自己的时间，毕竟，他们的日程表总是长而又长。我明白，每一位领导者的备忘录上都有各种不得不处理的事务，比如整理报告、处理人事问题、回复电子邮件等，他们似乎确实比料理企业文化更加紧急。将时间和精力投放在切实可观的工作上，确实比运用在虚无缥缈的企业文化上收效更明显。而且，创建企业文化是一项浩大的工程，从何处着手，做哪些工作，如何做，如何评估等问题都相当复杂。另外，没有企业文化似乎也并不影响公司运营，所以还是将文化的事情放置一旁吧。但真的是这样吗？

本书或可充当一部指南。当领导者静下心来思考自己的工作时，他们会自信自己花在与员工共同梳理组织价值观上的时间，将从根本上推动建立强大的企业文化。当领导者每周或每月都把员工召集起来开一次全员大会，并且重复思考公司的战略目标时，他们才能体会到坚持定期交流的诸多好处。当领导者走出办公室，就某个复杂问题与员工面对面交流，而非发个电子邮件草草了事时，他们才能明白自己的时间用对了地方。

在实际运用中，或许书里的战略不能全部清晰有效地落地，但正如本书中 CEO 展示的那样，长期来看企业文化必将成为领导者打造高效企业的有力武器。如果能激发员工的最佳自我，建立起创新的企业文化，出色的业绩、创造性的思维也就指日可待了。

打造高效创新文化还要求我们接受并追求具有矛盾的目标，例如，安移通网络科技公司的多米尼克·奥尔在本书开头所说的：我们立志成为业内最大的“小公司”。

对奥尔而言，高效的企业文化是公司的首要目标。他的解释如下：“我们能够走到今天，能够保持市场份额的稳定增长，唯一的原因就是我们比从前更为专注，行动更为迅捷。我告诉每位员工，我们并不比竞争对手更有才能，他们同样才华横溢，我们的唯一优势就是更专注、更灵活。

“与规模较大的竞争对手相比，我们之所以更迅捷，原因之一就是我们没有多少公司政治。我拒绝公司政治，我坚信员工过于关注自我是公司政治滋生的温床。我告诫员工他们无需太过在意自己的位置，保持理性坦诚即可，剩下的事情我都看在眼里，我会公正处理。这番告诫是我打破公司潜在障碍的有效方法。”

像奥尔那样的简单规则，假如得到员工的一致支持，将对企业文化产生巨大影响。在线聊天技术供应商 LivePerson 公司“主人翁意识”和“惠及他人”的价值观可以直接应用到足球队中。在比分落后或者受到类似黑哨的不公正待遇时，球员一般会变得沮丧，甚至会采取一些肮脏的手段以扭转战局。他们的本意是想好好踢一场球，然而那种未经规划、任由发展的文化会带来极坏的影响，最终可能导致停赛的严重后果。不公正待遇在职场会被放大，影响因素也异常复杂，自我意识、身份荣誉、薪水收入、晋升的可能性等都有可能成为蛊惑人心的塞壬。

建立健康积极的企业文化对领导者来说也是重大机遇。通过加大对企业文化的关注度，激发出员工的最佳工作状态，公司便能获得质的飞跃，这无疑是 CEO 职场生涯的光辉时刻。一般而言，我们都希望有贵人指路，也盼望志同道合的团队伙伴，我们渴望被信任也愿意信任他人，因为我们知道，团队合作比单枪匹马更容易取得重大成就。

贮藏系统及配件零售商容器零售连锁店 CEO 基普·廷德尔说："在我们公司，常常听到的言论就是，团队是人类历史上最美好的存在之一。大家在一起做着伟大的事情，晚上躺在床上回味一天的成就时，感觉无比美好。这种成就感正是员工想要的，也是聪明的领导者着力给予的。"

打造团队合作意识的价值，无法用表格量化，无法用流程图表示，也无法在资产负债表或季度报表中作为一个条目圈点出来，然而，随着知识经济时代的到来，鼓励员工更加高效地团队合作，将会赢得巨大的收益。

"当今时代，你聘用的是员工的思想。"商业数据分析软件商 Qualtrics 公司的 CEO 瑞安·史密斯说，"但我们同时又无法控制员工的思想。我们唯一能够施加影响的只是他们所处的环境。"

那些能够长久繁荣的公司明白，文化是战略的关键因素，这里所说的文化包括三个方面：第一，吸引并留住最优秀的人才；第二，激发员工的最佳工作状态；第三，培育创新环境。当领导者面临的挑战日益严峻时，那些依靠激情与迅捷创建高效能文化的企业才能成为最终的赢家。

微软 CEO
想“长寿”就必须自我改造

微软 CEO 萨提亚·纳德拉（Satya Nadella）的访谈实录。

问：你从微软前 CEO 史蒂夫·鲍尔默（Steve Ballmer）那里学到了哪些有关领导力的经验教训？

答：鲍尔默对我最重要的指导出现于两三年前。当时我是云计算和企业部门执行副总裁，我记得自己问了他一个问题：“对于我的工作表现，你觉得如何？”他回答说：“这个问题你自己会知道答案，我也会知道，大家都会知道。所以你不必问我你表现得怎么样。因为你的级别的关系，对你的评估会显得相当含蓄。”

我继续问：“那么我应该如何与前任做比较？”鲍尔默说：“谁会在乎呢？环境一直在变。在我看来，唯一重要的是你如何运用资源应对眼前的局势。我希望你能专注于此，而不是试图做什么比较。”

我从中学到的一课就是，你必须脚踏实地地做事，而且对自己身处的位置有相当真切的认识。

问：你从比尔·盖茨身上又学到了什么呢？

答：盖茨的性格最为严谨，他总是做好了一切准备，他往往在会议开始的头 5 分钟就找到问题所在。我很纳闷为什么我花了那么多精力，却仍然看不到眼前的缺陷。最开始的时候，他经常令我感到恐惧。实际上盖茨人很好，你可以反驳他、质疑他，他会热情高涨地跟你争论几分钟，然后说道："嗯，你是对的。"

盖茨和鲍尔默都有这种特质：他们会用压力来测试你，测试你是否确信自己的观点。

问：人们都很好奇，盖茨将如何跟你合作。

答：外界也许会觉得我们的合作是件新鲜事儿。但实际上，我们合作已有 9 年多。所以我对这件事没感到什么压力，而且我希望他能真正安排出时间来管理微软。我相信他会进行某种相当艰难的权衡，然后说道："好吧，我将把更多精力放在这上面来。"

最奇妙的是，在微软内部，只有盖茨能让所有人都精力充沛地拿出自己最好的表现，这是一种天赋。

问：你在少年时期获得过有关领导力的经验教训吗？

答：我是校板球队的投球手，打比赛期间发生过一起让我极为震惊的事件。那一天我在场上的表现非常一般，然后队长过来接替了我的位置，他的上场让整支队伍焕发出不同寻常的光彩，接着我们取得了关键性的得分，随后他又换我上场了。

我从来没问过他为何要那样做，但我的感觉是，如果他不让我重新回到自己的位置，我的信心就会受到摧残。那是一堂微妙的、重要的领导力课程，他让我懂得领导者应该在何时介入，又应该在何时建立团队的信心。我觉得，领导者的首要任务很可能就是增强你的团队的整体信心。

问：在新岗位上，你将采用怎样的管理方法？

答：现在我最为关注的事情是，我该如何最大化领导团队的效率，以及我能做些什么事情来培育高效率。团队中很多人都曾跟我同级，还有些是我之前的上司。我的任务就是让人们真正地投入到工作中去，激发出他们作为团队一员的活力。

我不会根据他们的某些言论来评估他们本人。因为我相信，他们之所以能进入这个团队，一定是拥有过人的才能。我只会对整个团队进行评估，例如，我们是否在进行真正的沟通，又是否能基于每个人的才能做一些对整个组织都有好处的事情。这才是我关心的事情。

问：微软已经公开表示，将在更大程度上创造统一的“一个微软”文化。你将如何做到这一点？

答：一直以来我们都在讨论的一件事情是，我们这个领导团队的目的是什么？我们的决策有一个共同的基础，那就是领导团队的任务就是带来清晰度、同盟心和强度。具体就是，我们想要完成什么任务？我们是否目标一致？我们想要通过哪那种强度的努力来实现目标？

从文化上来说，我认为以前我们一直都觉得自己已经找到了正确的“公式”，需要做的只是设法优化这个公式而已。但是，是时候去寻找新公式了。所以当下的问题就是，我们如何才能抓住 13 万人的知识资本去做出真正的创新？我们拥有怎样的组织架构都不重要，因为竞争或创新从来都不会被局限在那些条条框框里。

那么，如何才能创造出那种自我组织的能力，从而推进创新和保持聚焦呢？高科技行业很可能是最难做到这一点的行业之一，因为有些看起来肯定会失败的东西，最后被证明非常可行。因此你的团队必须有能力识别出成功的先兆，领导者则必须真正投身其中，保证创新的想法不会半路夭折。

当你掌管一家年营收高达700亿美元的企业时，一个价值100万美元的项目就会显得无足轻重，但实际上，这个100万美元的项目很可能就是所有问题的关键。

这很可能代表着一种重大的文化变革——察觉到创新概念，然后培育其生长壮大。创新不会来自于一张组织架构图。大多数人都非常重视组织所有权，但我觉得人们必须掌控的是创新日程表。

问：你是如何聘用人才的？面试时会问什么问题？

答：我会对应聘者进行360度的考察。我会要求应聘者告诉我他的经理、同事、直属上司、客户、合伙伙伴都是如何评价他的。他的所有答案会编织成一张大网，让我更好地了解他的自我意识。

我还会问：你最感到骄傲的事情是什么？你回头看自己的作品或者成绩时会有怎样的感觉？会产生“哇，那真的是我做的吗”的惊喜吗？然后我还会问，你最遗憾的事情是什么？当你没能把工作做到最好时，你感觉如何？你会如何自我反省？

这两套问题帮助我找到了很多人才。大致来说，我认为那些没有自我意识的人不会主动学习；而如果不学习，你就无法做出真正有用的事情。

问：如果有人在开会时发表类似指甲划过黑板那样令人不适的言论，你会作何反应？

答：最让我发疯的事情是有人一走进会议室就说“我们以前就是这样做的”，或者在会议开到一半时表示“我们现在就是这样做的”。这两种想法都非常危险。问题的关键在于：你要怎样吸取以往的宝贵经验，并将其应用到当前的环境中，从而提高工作水准。

问：就如何在新岗位上做好工作，以及如何名留青史的问题上，你是否有些重大的设想？

答：在科技行业中，想要“长寿”就必须自我改造或创造未来。就微软而言，在过去的39年中，我们已经取得了成功，现在的问题就是如何自我改造。我们曾取得过巨大的成功，但未来与昨日无关，发明出新东西从而推进增长才是成功的向导。

我着迷于万事万物的起落沉浮，例如，人类文明、家族命运以及公司前途。我们都知道，历史上能兴盛百年以上的企业少之又少。成为一家拥有百年历史的公司，让人们能在这家公司找到工作的意义，就是我们的愿景。

谷歌人资副总裁
我们正在消解管理者的权威

2009年初，谷歌启动了一项名为“氧气项目”的计划。氧气项目的使命是设计出一种对于谷歌的未来而言，远比下一代搜索算法或应用软件更重要的东西——打造高效能管理者。

于是，你可以想象如谷歌这样的数据采集巨头会做的事情。该公司开始分析绩效评价、反馈调查，以及授予高层管理者奖惩下属的权力。2009年年底，谷歌的人事分析团队提交了一份“高效能管理者的八项行为”的研究成果。

阅读研究成果之前，我希望你能做好心理准备，因为它们如此显而易见甚至有点愚不可及，很难想象这是谷歌花了这么长时间才搞清楚的道理。

- 对团队愿景及战略有清晰规划；
- 能帮助员工做职业提升；
- 果敢、有担当，工作富有成效且以结果为导向；
- 具备显著的专业技能，能够指导团队；

- 善于沟通，倾听团队成员心声；
- 关心团队成员的成就与个人福利；
- 对团队授权，放弃微管理；
- 是一名出色的教练。

这些句子读起来像是电视剧《办公室》某一集中写在白板上的搞笑台词。

“我的第一反应是，这就是研究成果？”谷歌人力运营高级副总裁拉斯洛·博克如是说。但随后，博克和他的团队开始依据重要程度对这八项行为进行排序。这就是氧气项目有意思的地方。

公司成立的头几年，谷歌一直采取一种非常简单的管理方式：让员工各行其是。工程师各自独立开展自己的工作，如果在某个环节出现障碍，可以向上级反馈以寻求解决方法。工程师的上级——他们之所以会成为管理者就是因为其深厚的技术功底——会给求助者提供专业的帮助与支持。

但博克的团队发现，技术功底，比如说在睡梦中编写电脑程序的能力并不在这八项行为之列。员工喜欢的是那些能腾出时间进行一对一交流、通过引导帮他们解决谜团而不是直接给出答案，并且对他们的生活和事业发展感兴趣的上司。

“过去我们总认为，一名管理者，特别是工程主管，必须具备不输于你下属的技术专长。”博克说，“然而，事实证明，对员工来说，上司的专业技能恰恰是最不重要的事情。技术功底当然很重要，但还有比其更重要的素质，比如平易近人等。”

氧气项目并不太像我们熟知的那个谷歌所做的事情，谷歌有其大获成功的方面（比如搜索引擎），也有失策之处（比如为进军社交网络而推出的 Buzz）。毕竟，管理是非常深奥的话题，它有点像打高尔夫球。成为顶级高尔夫球手的诀窍有千千万万，成为高效能管理者的方法也是同样如此，且大多数建议都看起来像模像样。

但是，当你试图同时记住这些规则时，问题就出现了。高尔夫界有句行话：越分析，越不会打球。跟打高尔夫球一样，在管理领域，高手们做起事来似乎都不费吹灰之力，这个事实只会让那些正竭力提升管理能力的人士更加沮丧。

尽管如此，一些管理学者和专家认为，氧气项目仍有其可取之处。

长期以来，人力资源管理更多的是凭借直觉，而不是硬邦邦的数据，然而越来越多的公司正尝试把数据分析的方法应用于不可预测的人际交往世界。

“在这方面，谷歌的确处于最前沿。”托德·萨芬斯通（Todd Safferstone）说。作为谷歌公司执行委员会下属机构公司领导力理事会的执行董事，萨芬斯通找到了一个观察人力资源行为的绝佳视角。

萨芬斯通表示：“氧气项目的不同寻常之处在于该项目使用了谷歌自己的数据，这意味着它更容易获得总喜欢对传统智慧嗤之以鼻的谷歌员工的认可。” 萨芬斯通解释说，许多公司采用的是通用的管理模型，它告知人们管理者应该做的 20 件事，但并没有证据说明其重要性并对其进行排序。这些模型经常在公司上下遭遇大量的排斥，因为在提出这些要求的同时，公司并没有拿出任何显示它们能够带来改变的例证。“大多数公司更擅长规劝你成为一位卓越的管理者，但没有告诉你如何才能做到这一点。”萨芬斯通先生补充道。

氧气项目启动时，谷歌做了一些基本的假设。通常情况下，人们离开一家公司，是出于以下这三个原因的一种或全部。第一个原因是，他们不再觉得自己跟公司使命之间有关系，或者觉得自己的工作已变得无关紧要。第二个原因是，他们真的不喜欢或不欣赏自己的同事。第三个原因也是最直接的原因：他们有一位糟糕透顶的老板。

谷歌绩效考评按季度进行而不是按年。在氧气项目中，谷歌发现，员工给予上司的评价意见存在剧烈的波动，而另一方面，管理者对员工的工作表现及结果的影响远大于其他任何因素。

“氧气项目的基础在于，我们发现公司最好的管理者所引领的团队往往有更好的表现，员工留存率更高，团队成员也快乐得多，与他们有关的一切事情都更好一些。”博克说，“通过分析，我们了解到在整个链条中，最大的可控因素就是管理者自身的素质以及他们带领团队的能力。随后，我们提出了这样一个问题：如果每一位管理者都如此优秀，那将是怎样一番景象？你或许会提出疑问：促使管理者如此卓越的因素有哪些？我怎样才能做到这一点？”

参与氧气项目的统计人员从不同的绩效评价、反馈调查和其他报告中收集了超过 1 万条与管理者相关的观测资料。随后，他们又花时间对这些评价资料进行了编码，试图找出其中的规律。

完成一些理论工作之后，氧气项目团队建立了一个采访管理团队的系统以收集更多的数据，寻找支持其想法的证据。最后一个步骤是对长达 400 多页的访谈记录进行编码和综合处理，将研究成果公布给公司员工，并将其纳入不同的培训项目之中。

“阅读、编码所有信息相当耗时耗力，这是一个无法借助电脑处理的领域。”参与数据研究的人事分析主管米歇尔·多诺万（Michelle Donovan）说，“有人认为这种事情可以借助软件，但我们的经验是，你必须亲历亲为，逐条阅读。”

鉴于“高效能管理者的八项行为”有些老生常谈，氧气项目或许是想自己再发明一次车轮，不管效果好坏，谷歌向来都喜欢自己动手，构造自己的车轮。“我们想搞清楚能够在谷歌，而不是任何其他组织产生效果的做法。”谷歌负责人事分析和薪酬事务的副总裁普拉萨德·塞提（Prasad Setty）如是说道。

在制定出高效能管理者必备素质清单之后，谷歌就开始在培训项目以及针对具体员工的辅导及绩效评价会议上传授这些素质。

“在表现最差劲的管理者中，有 75% 的人在管理素质方面获得了显著提升。”博克说。接着他讲述了一位备受员工鄙视的管理者的故事。这位管理者在驱动员工工作时表现得太过强硬，员工觉得这个家伙专横、傲慢、工于心计且行事诡秘，大家想离开他的团队。“他很聪明，但是在领导团队方面却一塌糊涂。”博克总结道。

因管理手段强硬，这位管理者的晋升申请被否决了，并且被明确告知他的管理风格正是其无法高升的原因。谷歌随后对这位管理者进行了一对一辅导——谷歌的员工辅导教练都是源自公司内部，而不是从外部招聘而来。6 个月后，其团队成员在接受调查时虽不情愿但仍坦白承认他比以前强多了。

“一年后，这位管理者的情况又有了大幅改善，”博克说，“虽然距离我们最好的管理者尚有相当大的距离，但他不再是最差劲的了。他终于升职了。”

接受氧气项目采访的工程主管马克·克伦克（Mark Klenk）表示，这个项目的研究成果及随后的培训帮助他懂得了给予下属明晰且直接的反馈意见的重要性。“有些员工并没有意识到他们的工作方式需要矫正，”克伦克说，“我要做的其实很简单，就是清晰明了地表示，‘好的，我明白你正在努力做事，但我们需要将关注点放在工作成果上，那才是我们的目标’。”

“类似这样的事情我现在做得比以往多得多，”克伦克说。他的下属似乎很欣赏这一点，“我收到了许多员工的反馈意见，他们很感谢我如此清晰地表达我的看法”。

谷歌的高管表示，他们不打算利用这些数据鼓捣出某种成功的管理范式，他们说氧气项目的意义在于提供数据，这样管理者就能理解什么行为卓有成效，哪些举动纯属浪费精力。

招聘时我们会掉进这种陷阱：管理者经常想雇用与他们自身相像的员工。“在做出招募决定时，我们会想尽一切办法消解管理者的权威和权力。”博克解释说，“打个比方，如果你面试一位行政助理，第1周时你可能非常挑剔，但过上6个月，你可能会接受任何一个你可以找到的人选。”

谷歌也尝试指出在绩效评估过程中有可能出现的陷阱。谷歌为员工编撰了一个“认知偏见”清单以备查询。比如，某位人力资源部门员工可能刚刚跟被评估对象有过一次不愉快的摩擦，这次经历势必会影响被评估对象的得分。此外，还存在一种“光环”效应，即某个单一的品质有可能扭曲人们对这位同事的绩效认知。

谷歌甚至通过数据指出了员工就餐的误区。谷歌告诉员工，研究显示用餐者通常会吃掉盘中所有的食物，即使他们吃到一半就已经饱了，所以谷歌把餐厅里的大盘子换成了小盘子。最后证明，用小盘子就餐让谷歌员工的体重在一年间减少了4.5 ~ 7千克。

“推动或激发谷歌人的是事实数据。我们喜欢用事实说话，”多诺万说，“不喜欢被人发号施令。我们会说，‘给我数据信息，我很聪明，我会自己判断’。”

谷歌的全新管理模式所面临的真正考验在于，这种模式能否帮助公司改善长期的业绩表现。就在博克接受《纽约时报》采访仅仅几个小时后，谷歌发布了一个震惊世界的消息：该公司联合创始人之一拉里·佩奇将从埃里克·施密特手中接过 CEO 一职。

尽管施密特在 Twitter 上解释“日常的员工管理已不再需要了”，但谷歌明确表示，更换 CEO 旨在加速决策速度，简化管理流程。谷歌显然希望重拾公司刚成立时的灵活性和创新精神。但氧气项目能否帮助业已长大成人的谷歌找回初创期所具有的那种魔力尚不明朗。

密歇根大学罗斯商学院管理学教授斯科特·德鲁（Scott DeRue）对谷歌数据驱动型的管理方式大加赞扬。尽管如此，他还是指出，虽然谷歌或许有些不同寻常，但该公司的发现只不过重复了已在其他公司彰显出效能的研究成果。这种管理方式自身亦是一次有益的尝试。

“虽然人们总是在找寻管理领域的下一个新事物，”德鲁说，“但谷歌的数据就打造卓越管理者的因素而言，并没有发生多大的变化。”随着谷歌的不断演化，这八条规则是否还会适用，谁也拿不准，但可以肯定的是，它们不会被凿刻于石头之上。博克的团队正在继续测试它们的有效性，全面观察所有为强化管理所做的培训的成果。

就当下而言，博克表示他特别震惊于这些规则的简洁性，以及应用这些规则并不需要改变管理者原本的性格这一事实。“你其实没必要改变你的个性，”他说，“这意味着，如果我是一位管理者，想做得更好，想激发团队更大的潜能，想让他们更快乐的话，我只需要做好两件最重要的事情：与下属频繁接触，并且持之以恒。这比做其他任何事情都更为重要。”

ELLE 高级副总裁
可以畅言无忌，但要措辞得当

法国时尚杂志 *ELLE* 高级副总裁兼首席品牌官罗宾·多明尼康尼的访谈实录。

问：你是怎样选拔人才的？

答：我从不看简历，因为简历上不会写这个人的未来工作表现。很多时候，你约会的对象看起来很棒，但你们就是不可能走到一起。简历给我的感觉就是这样。我凭直觉办事，虽然容易冲动。

问：假设你来面试我，面试如何进行？

答：我会设法弄清楚你的生活是什么样的、你的背景、你曾面临的挑战。与你的成功相比，我更关心你的失败、你从中吸取到什么教训并如何改进下一次的行动。

问：你最重视员工的哪些品质？

答：自信、快速学习。你不必精通我们所在的行业，只要你明白你将如何在公司发光发热即可。我创办 *Real Simple* 杂志时就雇用过一个从未涉足过杂志领域的人。那时我想根据 *Real Simple* 衍生一系列品牌，而这个人在宝丽来公司的经验让他懂得如何建立品牌。所以我评估应聘者不是看他懂不懂我们这一行，而是看他明白不明白如何开展工作。我重视的是快速学习的能力。

问：还有其他的能力吗？

答：适应能力、灵活性、迎接改变和风险的胆量。当今市场瞬息万变，我们今天在做事情可能明天就会被推翻。变化太快了，所以我需要能随时调整方向的员工。

问：那你怎么发现应聘者具备了这些品质？

答：通过提问，更重要的是，用心听他们的提问。相比向应聘者提问，从应聘者对我的提问中会得到更多信息，他们的好奇心、他们的关注点。

问：你听过哪些好的提问？给举个例子吧。

答：比如，目前哪些工作对你来说是有效的？哪些工作没用？你是希望我的行动在短期内见效还是能带来长远利益？应聘者提出的问题可以很好地显示一个人的灵活性、融入新环境的能力。

问：你做出雇用决定需要用多长时间？

答：5 分钟之内我就能看出应聘者是否适合我们的工作。我能感受到他们的干劲——从他们走进我办公室的方式、和我握手的习惯、入座的仪态、谈话的感受。我发现，无关专业和技能，只需要 5 分钟，我就能知道这个人是否能在我们这儿干好。

问：你如何在工作中创建一种轻松开放的氛围？

答：我从不羞于承认自己的能力有限。即便是与职位低我好几级的员工共事我也会坦白承认某件事情我拿不定主意。之所以能如此坦率，是因为我认为这没关系，因为一旦弄明白状况，我就会主导它，开始行使自己的职权——掌舵。

我有诵读障碍，很多时候我听不懂别人在说什么，但我不怕丢脸，我会请他们为我复述。有一位编辑曾对我说，“你是我所见过的最好的出版商，因为你不害怕表现你的弱点”。正是因为我不怕暴露弱点，所以给整个团队带来了人性化和谦逊的氛围。员工不觉得我是高不可攀的 CEO 或总裁，我也的确不是。他们愿意信任我，正是因为我的弱点明确。

问：你最不能接受员工的哪种行为或品质？

答：如果你被我吓倒，如果你感到紧张，你可能就不适合和我一起工作。我情感奔放、表达激烈，员工必须接受这一点。在做决定时我有时会通过抛硬币来决定，除非你能说服我，有理有据地证明我错了，否则我将“一意孤行”。

如果你害怕挑战我，不敢反驳我，那我也无能为力，你不是我要找的人，因为我们这样做不成任何事。我希望员工挑战我，我愿意被挑战，我鼓励辩论，从而找出正确答案。

问：如果面试时，只允许你提两三个问题，你会问什么？

答：一个是：你为什么想来这儿工作？另一个是：说说你的成长经历。我发现，只有那些有能力面对逆境、战胜逆境的人才真的能适应当下这个竞争激烈的环境。我喜欢勤奋工作、白手起家的人。他们具备生存智慧，他们会不屈不挠地前进。

由于诵读障碍，我的生活比正常人要艰难一些。我加倍努力换回的结果仅仅只是免于险境，学习成绩也很一般，因此，如果有人说他成长过程中要克服一些学习上的挑战，或者幼年时总是搬家，我会对他暗自加分。我也喜欢那些有多个兄弟姐妹并且彼此感情亲厚的人，从他们身上我学到很多东西，他们更懂得照顾别人和与人分享。

问：在你的人生历程中，最宝贵的领导经验是什么？

答：要敢于说出自己所坚信的，甚至质疑自己的老板。我遇到的所有老板都十分愿意接受我的质疑。如果我不能对上司提出问题，我就没有进步空间。所以我愿意员工质疑我，这说明他们在进步。

我愿意改变我的想法和决定，只要你的质疑背后有热情、依据和思路，否则，我仍将坚持自己是正确的，即使事实可能并非如此。

我所学到的另一个经验，也是我的团队获得成功的原因，那就是我们坚信我们一无所有。我们的工作相互补充与支持，所以无论你从事公关、销售、印刷、数码还是别的事务，我们所有人是作为一个整体在工作，因此必须听取每一个人的意见。你必须置身其中，这就是我们想要的结果。

问：能解释一下你们的企业文化吗？

答：它有点儿像磁共振成像，意思是说大家要从别人的话中读出其真实的含义，捕捉他说这句话的意图。团队成员不必成为最好的朋友，但需要有统一的认识，只有这样你才能和任何人讲任何事，只要说话的方式正确，比如“虽然我们的看法不一样，但我希望能更准确地理解你的意思，所以你能帮我梳理一下你不想做这件事的原因吗？”

假如员工能更充分、平等地交流和竞赛，管理者便能更快更容易地做出正确决定，我认为这是一种人文环境。我不会勒令员工坦诚相待，相反我会去激励：“我们定会成功”，“解决问题的过程会充满乐趣”，“让我们一起把问题解决了吧”。我在管理员工的过程中，会把他们想象成心灵十分脆弱敏感的孩子，因为我们的确就是孩子，全都脆弱敏感，全都有血有肉。

但另一方面我相信他们的才能，所以我需要努力弄清楚为什么他们表现得并不够聪明，背后一定有隐情。你必须信任每一位和你共事的人，否则不必要的猜忌、嫉妒和距离感会悄然滋生，而假如你能坦然接受自己的负面情绪，相信整个团队是在共同追求美好的结局，那么这种公正、透明、信任的人性化环境便能自发生成。

问：在企业文化方面，你对年轻的创业者有什么建议？

答：所有的建议浓缩起来只有两个词。其一是信任。你要信任所有和你共事的人。造成嫉妒、恐慌的唯一原因是员工对你不信任、不理解。其二是沟通。如果你能明白无误地表达出你的担忧和质疑，并且激励员工全力以赴，问题就会迎刃而解。

总而言之，获得信任则万事无忧。我想说的就是如此，我相信这一点。如果大家相互信任，即使犯错了或者投资失败了，我们也会吃一堑长一智，我们最终一定会成功。

万事达卡前 CEO
我一直在寻找多面手

万事达卡（MasterCard）前 CEO 罗伯特·塞兰德（Robert Selander）的访谈实录。

问：你学到的最重要的领导力课程是什么？

答：我在海外生活多年，最开始在阿根廷的圣胡安，然后到里约热内卢，之后是伦敦，再然后去了比利时。于是从很早的时候起我就意识到，很多东西都是相同的——基本的价值观，为孩子倾尽所有的观念等。有些道理全世界都适用，商业领域也存在普遍真理。但实际上，当我们处于不同的市场时，我们往往倾向于关注不同的点，可能还会夸大或者突出那些我们应该关心的问题以外的东西。

刚到巴西时，我负责的是个人银行业务，经常探访各处的分行。在巴西，并非每个人都能讲流利的英语，而我又不怎么懂葡萄牙语。有一次我去拜访一位分行经理，他操着磕磕绊绊的英语跟我交流，我竖着耳朵听，但仍然没能准确理解他的意思。

之后回想起那次行程，我意识到那位分行经理或许是我见过的最优秀的经理，但当时的情形让我很容易就判定他不那么出色，因为他不像其他经理那样能很流利地讲英语。

我们很容易就被表达能力强或有语言技巧的人唬住，认为他们比那些未必具有这套嘴上功夫的人更好或者更渊博。这个道理在事后听来似乎显而易见，但当时我简直就是茅塞顿开。我想这是让我受益终生的一课——别让修饰性的东西转移了你对事物本质的注意。

问：假设你正在面试我，我们之间的谈话将如何进行？

答：除了讨论你将会为公司做什么外，我还想知道你的两三条长处和短处。然后我会就你承认的这几个不足之处提问，谈谈应对之策，怎样保证这些不足不会成为我们成功路上的绊脚石。另外，我希望这场面试气氛良好，双方沟通顺利，大家地位平等。

问：面试时你最重视应聘者哪些素质？

答：我寻求的东西一直都是一样的，应聘职务越高，我对应聘者在这些方面的要求越高。

我最重视的两项素质一个是领导力，另一个是带来成果的能力。就领导力而言，我希望你像一个高级执行官一样谈谈你曾在哪里应用过哪些战略性的领导艺术。这不是为了说明你是位杰出的战略家，而是为了证明你曾经领导一个团队共同确定目标客户、提供的产品和服务，以及你们要坚守的竞争优势和创造的价值。

我希望应聘者能告诉我他在引进人才方面的措施，在组建团队上遇到过哪些困难，或者经历过什么其他有意义的事情。

我重视的第二种素质是带来成果的能力。拥有带来成果的能力意味着他可以在三四年内将一张白纸变成可观的收益，也意味着能够将原本庞大的业务做得更强大，无论是通过创收还是支出管理。

我一直在找多面手：他曾参与过不同的工作——市场营销、公司运营、财务管理、人力资源等，这样的员工会比只从事过一种工作的人更能多角度和深层次地解读问题和机遇。

我一直在寻找拥有多国经验的人。我们在世界各地都有业务，寻求的人才最好也在不同的市场生活、工作过，能够认识到这些市场之间存在必须加以注意的细微区别。

最后，我还重视其合理呈现的能力。因为他将要面对的是公司各阶层的不同人物。虽然你担任的职务不同，但都必须拥有一定的与公司互动和有效代表公司的能力。

问：能具体阐述一下“合理呈现”的意思吗？

答：处于公司的不同阶层，你会与不同的利益相关者打交道。让人与国会议员共度美好时光与派人下楼更换旧地毯之间存在天壤之别。处理不同的状况，需要不同的能力，这种能力不仅体现在知识上，更在呈现层面上。

在职业生涯中，我也曾面临应对不同利益相关者的挑战。在我职务低、年纪较轻的时候，我可能与同事相处良好，但与高端人士沟通会怎样呢？他们可不像我的下属一样关注细节，他们要的是一个宏大的蓝图远景。

合理呈现的意思就是找到最恰当的方式向不同的利益相关者表达不同的内容，就是学习应对不同的受众，既给了他们想要的信息又不损害公司利益。

问：这不就是人们所说的高超的沟通技巧吗？

答：好的沟通专家不一定会合理呈现。比如有些人对某个领域非常熟悉，知道很多细节，但当他遇到某个对这些细节并不感兴趣的受众时，深入探讨就显得不合适。就好像一家公司总有些内部信息不适合往外宣传，那你就不能跨过那条界限，但你可以不同程度地接近它，至于有多接近，那就看对象以及你的掌控能力了。

还有一些人，他们不是沟通能手，但当你跟他谈论某个领域时，他们确切地知道该说什么，以及说到何种程度为止。沟通能手往往犯的错误就是他们说得太快、太多，反而没有足够的时间去反思，导致最终说了不该说的话。合理呈现就是知道什么该说以及该怎么说。

问：如果在面试时你只能问两三个问题，你会问什么？

答：比问题更重要的是回答。但我想我会以一个双重问题开局，我会问应聘者：工作中你最引以为傲的个人成果和团队成果分别是什么？这样我就能得到个人主观能动性和领导力上的反馈了。

问：你的领导艺术是怎样炼成的？

答：我曾花几年时间练习倾听别人说话的技巧。我其实是个容易激动的人，为了克服这个缺点，我不得不特别小心，我尽量不急着开口，而是聆听别人的反馈。

问：你给即将毕业的大学生们的职业建议是什么？

答：大学时走出学校赚点工作经验是非常必要的。我早期的几份工作让我明白自己不想做什么。去可以学和做更多事情的大公司积累经验也是个好主意，因为从一开始就挑中从事一生的事业的可能性非常低。因此，我会建议大学生找第一份工作时，尽量找一家通常意义上的大企业。在那里你能参与更多的事务，得到更多更合理的培训，那些培训会教给你未来需要的工作技能。

领英 CEO
我希望能改变 1.75 亿人的职业轨迹

领英公司 CEO 杰夫·韦纳在接受我的采访时谈到了很多独到的企业管理思想，现总结如下。

关于领导的定义：领导就是能够激励他人与你一起实现共同目标的能力。它始于一种广阔的视野以及思考如何实现这种视野的能力；它是集勇气、信念以及实现共同愿景的能力为一体的品质。

关于优先级：优先级就是，“如果你只能做一件事，你会做什么？”这一点韦纳称他是从史蒂夫·乔布斯那里学来的。

关于幸福：韦纳信奉雷·钱伯斯（Ray Chambers）的五个快乐法则：活在当下，知足常乐，爱比你认为对的事情更重要，做自己思想的主人，每天至少对一件事表示感恩。韦纳正在实践日出而作日落而息、工作与家庭兼顾的生活。

关于管理：崇尚人性化管理。不要一味地将自己的想法强加于别人，试着从别人的角度考虑问题。“每次开完会议或演讲完之后，我都会问问身边的人我是否还有一些可以改进的地方。”

关于专注：“这是我希望员工能自行拥有的品质，但也离不开正确的引导。同时，我希望员工能在结束一天的工作之后，做回自己，相信自己的直觉。”

关于教育：“我认为我还有一些潜力没有被开发出来。”韦纳希望自己能多一些实践学习。他认为美国的教育制度太过重视数学、语言以及记忆式学习。“我时常觉得教育制度可以进行一些改革。”

关于领英的宗旨：“为全球30亿劳动力中的每一位创造经济机会。”领英使他有机会接触全球1.75亿名用户，“我们想创造经济机会来改变这些人的职业轨迹。”

关于领导力：“领导力并不局限于解决问题的能力。”很多人认为领导别人就是帮其解决问题。韦纳每天会抽出2～3个小时用于思考和领导员工。“如果你不能成为一名称职的领导者，员工就不会认可你、信任你。”

关于失败：“最珍贵的教训就是我明白了有些事情我做不到。没有这种失败的经历，我也不会学到这么多宝贵的成功经验。硅谷是一个充满了失败的地方。”

关于职业建议：“其实很简单，二三十年以后，你想取得什么样的成就？”韦纳认为很多人都不知道该如何回答这个问题，大部分人工作只是为了追求金钱和名利。韦纳认为，每个人都应该有一个职业规划，清楚自己想要什么。一旦目标明确了，你就会有动力朝它前进。如果你还不清楚自己的目标，那就激情饱满地提高你的技能。韦纳同样还提到，“要和优秀的人一起工作”。其实，你给什么样的老板打工并不重要，重要的是你和什么样的人一起工作。

关于幽默：“工作时就应该劳逸结合，不要太严肃了。”韦纳认为，努力工作就是一个改变世界的过程，一定要给自己找点乐子。有时候，韦纳重视员工的幽默感更甚于其能力，“幽默能凝聚团队，让团队合作更加紧密”。

关于电子邮件：韦纳从来不在晚上5:00之后和早晨11:00前发邮件，“如果我在半夜3:00发电子邮件给别人，那么收件人或许会想他需要立即给我回复。这是一种错误的暗示，在这一点上，我为整个公司树立了榜样。”

WTA 主席
坚持不懈，将“不可能”变成“可能”

国际女子职业网球协会（Women's Tennis Association）主席兼CEO 丝黛西·阿拉斯特（Stacey Allaster）的访谈实录。

问：还记得第一次做领导的事情吗？

答：18 岁时，我在当地一家网球俱乐部做职业网球运动员的总教练，带领一些高中生或者大学生做训练。每年夏天我都做这个事情，后来我就想有一些其他的体验。所以大学最后一年，我开了间大学生专业绘画（美国大学生专业队是一家雇佣、培训大学生从事室内绘画、玻璃清洁的组织。——译者注）加盟店。一下子，我脱掉白色网球衣变成协助伙伴在白色墙面上绘画的工作人员，当时我有 8 个合作伙伴。

这一次我进入了一个不同的领域，走出了舒适区，走出了自己熟悉的世界。这一年的经历对我之后的销售和创新能力有很大帮助。

问：你有过绘画经历吗？

答：没有。但是我有个工作很努力的妈妈和奶奶。小时候我们家的经济状况不太好，所以修补之类的事都是我们自己做的，我很会使用漆刷。但是我在绘画加盟店的工作基本上就是拜访客户、拿订单，然后和团队一起工作，所以不会画画也没关系。

问：那时你的职业目标是什么？

答：早些时候，我想做体育营销。实现这个目标要么读法学院，要么去读 MBA，这是那个行业基本的教育标准。

但本科毕业后，我去了多伦多工作，成了列治文山乡村俱乐部的总教练，带领两三个职业选手，对 1 000 多名学员进行培训。在训练运动员的过程中，我开始与安大略省网球协会产生联系。没多久，安大略省网球协会找到我，邀请我去做一份更有发展前途的工作，不过仍然属于销售领域。于是，我开始了在路上奔波的日子：向人们推荐各种体育活动，许诺他们免费的医疗等。

两年里我一直开着我的大众敞篷车在安大略省活动，想方设法让人们参加并喜欢运动，绞尽脑汁说服人们资助安大略省网球协会。渐渐地，我有了自己做项目的资本——我找到了自己的赞助商。

那时我想去加拿大国家网球队，但他们再三拒绝了我。不过我后来还是以特殊项目协调员的身份进去了。15 年后我成了加拿大网球公开赛男子赛和女子赛的主席。

问：当了主席之后你做了什么？

答：因为我打过网球，后来又做过销售，我就想到去读 MBA，我想它能让我了解一个全新的管理世界。上管理课程时，我开始检讨自己当管理者时的行为，哪些是对的，哪些地方做得还不够好。这些课程帮助我成为我理想中的那类经理人和管理者。

问：能不能谈些你领悟到的东西？

答：因为求胜心切，以前我只关心结果。但很多时候因为我对结果过于关注，而没有意识到想赢得比赛就必须花时间训练队伍、激励队员并找到队员真正在乎的东西。当时我并不明白不是所有人被激励的方式都与我一样，而这种不一致并不意味着对错。你很可能有全世界最好的想法，但假如队员的激情和能量没有被激发出来，那你也不可能取得成功。

现在，我尽量保持团队组织的多样化，鼓励队员掌握各自不同的技巧。我们并不需要每个人都一模一样，我们也不应该一样。我们真正要做的是找到每个人的激励点。

问：那你是怎么做的呢？

答：这跟时间、沟通方式和个人风格有关。当压力大的时候，记得控制你说话的音量。

问：具体指什么？

答：讨论问题时，你必须控制自己的情绪，多思考一会儿、更耐心一些。通过这样的训练，我比以前更有自知之明了。所以如果我们由于某种原因偏离讨论的话题时，我要做的第一件事就是问这些问题：我设定的讨论方向明确吗？大家理解我们的目标是什么吗？我对团队或者某个人的要求是否过高？我们有实现那个目标的能力吗？

现在，遇到事情我会先缓一缓冷静下来，而不是立即做出“他们不行，他们没做到”之类的判断。我认为我成熟了，与员工沟通的能力提升了不少，也更懂得关心他们了，现在我才不会只关注结果呢。

问：你还学到哪些其他重要的领导力课程？

答：我整个人生可能就是一个充满逆境、不断克服困难的过程吧。我小时候做送报员的时候就一个人干三个人的活儿。当时我们很缺钱，我又喜欢运动，尽管我妈妈为我提供了一切，但每个人的能力都有个限度，所以她鼓励我自己去挣钱参加体育活动。加拿大严冬时，我每周要给 1 500 户人家送报纸，冬天用雪橇，夏天开货车。

就是凭着这股“我一定能赢”、“我一定要克服”的韧劲，我在体育上取得了一些成绩。我个头小，所以总有人跟我说“你不可以打网球”，任何人都可以对我说那样的话，但我会证明他们是错误的。不管遇到什么困难，我总能找到解决方法。

问：可以讲一下你母亲和祖母吗？

答：她们的一生充满坎坷，她们是我生活中的榜样，她们一直在我身边鼓励我，让我相信我可以排除万难，我一定可以成功。

因为我爷爷常年患病，我奶奶要一个人照顾 5 个孩子，但她还开了一家“小孩修鞋店”。她一边照顾生意，一边将 5 个孩子拉扯大。

我妈妈本来是护士，但一次伤病之后她离开了之前的岗位，于是我们不得不找其他的办法赚钱。我奶奶帮她买了联式房屋，然后租给大学生做宿舍。当时我们有 8 位房客，他们是我的经济来源。刚才也说到，我自己也有份工作。正是大家的共同努力，即使遭遇困境，我也不比其他人更贫乏。

我们一家人都极具创业精神，大家相信有些事情你必须自己去做。我天生有点害羞、偏于安静和不爱展示，但家人改造了我。我相信大多数人十几岁时都不会过得很舒坦，那是我们性格塑造的关键时期。

问：下面让我们谈谈招聘吧。你是如何招聘的？

答：面试时我会先动员应聘者组成一个团队做一些基本工作，然后选出与团队其他成员合作得很好的人员。在我看来，能够与他人合作非常重要。另外，我也希望我的队员明白，这是一个双向选择的过程，而不是我单方面决定他是我的队员，因为同时我也是他的盟友，我们要齐心协力去完成共同的目标。

在招聘中，我的任务就是观察队员怎样融入团队，确信他们是积极的、有活力的，他们的性格能适应我们的团队。他们做事主动吗？他们有取得更大成就的潜力吗？他们经历挫折之后能够迅速反击吗？我需要的是自信但又谦逊的员工。只有当员工渴望取得更大成就时，他才能被激励。但光有自信还不够，因为作为团队一员，他还必须与别人愉快相处，所以谦逊至关重要。这两点是我们最基本的用人标准。

所以我会问应聘者，什么东西能够激励他们，他们的同龄人、朋友、上司怎么评价他们，以及他们怎么处理异见。通过这些问题，我多少可以了解一些他们的管理风格。

问：如果面试时只能问一两个问题，你会问什么？

答：为什么我要雇用你？你对公司会有哪些帮助？我经常听到的回答是，“我喜欢网球，我想从事体育营销”，那我会接着问他能做什么，有没有赚钱或者省钱能力。如果面试真的只有几分钟，这些就是我想知道的。

如果时间有富余，我还希望应聘者能对我们公司评价一番，哪些地方做得不错，哪些地方还需改善，他有什么改进的方法之类。之所以要他这样做，是想看看他们有没有做功课。如果有个人只是说“我朋友建议我来试试，所以我就来了”，那我会迅速地结束谈话。没有诚意、不用心的人我可没兴趣。我感兴趣的是那些把进入我们公司、进入这一行当作梦想的人。

问：对那些像你一样由首席运营官（COO）转为 CEO 的人，你有哪些建议？

答：我做 COO 的时候觉得自己已经相当了解 CEO 的职责，但在竞选 CEO 之前我仍然请了一位 CEO 辅导老师。就在竞选开始的几天前，我对辅导老师说，“从 COO 晋升为 CEO 是件理所应当的事情”。

但我的辅导老师却说：不，不是这样，那不是一个自然的转型。COO 需要将关注点放在每天的工作上，需要紧盯策略，安排工作。但 CEO 就需要退一步思考了，他必须从公司战略、愿景、价值观和人力资源等层面考虑问题。CEO 的职责是保证公司朝着正确的方向发展，保证团队成员个个精力充沛，干劲满满。CEO 与 COO 拥有两种完全不同的思维路径。

Abt 董事长

优秀管理者每一刻都战战兢兢

Abt 咨询公司 CEO 兼董事长凯瑟琳·弗拉纳根的访谈实录。

问：你还记得第一次当别人上司时的情景吗？

答：第一次真正地做领导者是在 1989 年。那时我 29 岁，俨然一名为 Abt 公司服务了 7 年的老员工。一天，新上任的执行副总裁给我打电话说，“明天能飞到波士顿来吗？我想让你接管这边的一个部门。来试试吧”。

我同意后，那位执行副总裁才在我的人事资料里查出了我的年龄，惊讶之余他对我的新工作提了些建议：“你必须保持在战战兢兢、如履薄冰的状态。你的工作就是谋取成功，这需要你制定正确目标和相应的策略，然后放手去干。你必须对自己抱有十足的信心，相信只要是你负责的事情就一定能办成。”

所以与 35 位新同事见面之后，我首先跟他们谈了自己的愿景，我希望自己能成为一名优秀的领导者。35 位下属大多数都年长于我，当时都直接向我汇报工作。直到今天我都怀疑当时是否有人真的信任我这个看似狂妄的年轻人。我记得当时就有两三个人十分直接又坚定地对我说："你不可能胜任那个职位。"

接管那个部门的第一年，我真的无时无刻不在警醒状态，但我也意识到想做成大事就必须冒险。你必须尊重下属，仔细倾听他们的想法和建议。

第一年年终，有位下属跑来跟我说："你真行。你用行动证明我对你的不信任是错误的。"得到嘉奖我自然非常高兴，但很快我意识到我没有制订缜密的计划。你必须为将做的事情做好计划，那样才能一步一步迈向成功。同时，执行计划时要保持灵活，随时听取他人的意见。我鼓励下属随时跟我反馈,这样我才能知道他们对战略的看法。

领导者并不需要比其他人聪明，领导者只需要将所有的问题串联起来，然后专注于做好特定的、优先的一件就够了。我常邀请同事将难题汇总起来，并建议大家任用那些具有丰富经验的人，因为他们都有处理棘手问题的独特方法。我深信询问公司内部各层次员工的想法非常重要。我很喜欢跟公司中年轻一代的员工聊天，他们总能给我一些有趣的启示。

问：有趣的启示是指什么？

答：在我看来，年轻人显然更希望能迅速上调，在这方面他们比老一辈人心气要高很多。他们对自己接下来要做的事情相当好奇。对他们来说，坐下来沉稳地工作似乎是件不可能的事情，他们很快就会不耐烦，他们总在盘算下一个机会。

我做了 CEO 之后不久，一位年轻人对我说："凯瑟琳，你要开一个博客。"所以我就去找了 5 ～ 10 个相当年轻的员工，征询他们写博客方面的建议，正是他们的引导如今我已经用上 Twitter 了。这些年轻人很喜欢给我的博客留言，问我对某件事情的看法。互联网已经成了我们沟通的另一条渠道。

问：对这些迫不及待的年轻人，你有什么建议？

答：显然他们过于紧张了。或许有些领导者希望员工能够花6～12个月做同一件事，但我的目标是构建一种只要进展顺利，人人都可自由活动的文化。从某种程度上讲，这些年轻人缺乏导师，他们需要管理人才在现场坐镇。管理者需要就具体的事情进行实时讨论，然后根据实际情况思考要不要调这位年轻人到别的部门，而不是一口拒绝说"你必须在这个岗位干5年"。

让年轻的员工在同一个岗位工作5年，只会逼他们更早离开。但实际上我们公司真正的重中之重是留住人才。人才的激烈竞争，促使我们必须想办法让年轻员工在成长学习的过程中保持激情。

问：是什么帮助你成功坐上Abt咨询公司CEO的位置？

答：参与团队协作、与人共事的能力帮了我大忙。在成为CEO之前，我负责一个与现在工作完全不相干的部门，但在那里同样需要联系兄弟部门、调动公司资源、倾听他人的意见，我想正是因为我在这几个方面表现不错才会得到认可。

问：随着公司发展壮大，公司文化有发生变化吗？

答：数年前我们的年营业收入是1.8亿美元，如今这个数字变成了4.25亿美元。随着公司的发展，我们新增了许多部门，组织架构日益庞大，而内部隔阂也悄然产生。两年前，我将消除部门间的隔阂作为目标重组了公司。我们之前的组织架构是按业务链划分的，国际业务、美国业务、数据收集业务等，各个业务集团都由几位高级副总裁领导。改革后，一名负责全球业务的执行副总裁取代了那些高级副总裁，因为我们的愿景是成为全球化的Abt。

改革中最重要的部分就是推倒部门间的墙，这样员工才能更自由地协作，才能调动所有员工的激情。我们希望员工能够跳出他们所在项目或者所在部门的思维，从整个公司的角度思考问题。从全公司的角度来讲，每个人都有自己的工作，但是在推进自己工作的时候还要注意考虑 Abt 公司的问题。一门心思做单一的项目确实更简单，但那真的对整家公司的发展有帮助吗？

问：成为 CEO 之后有哪些惊喜吗？

答：我一直是战战兢兢的。在整个职业生涯中，我一直都在尝试改变，我觉得最大的惊喜就是发现原来做出改变如此之艰难，改变之后的影响又是如此之巨大。这样的惊喜要求我从全局角度选择改变的方向，而改变的目的不是推翻旧事物，而是制定新目标并为之拼搏。改变的过程中当然会遭遇抵制，并不是所有人都愿意改变，但是只要坚持目标，拥有充分的耐心和灵活性，你一定可以成功。

我明白消除部门间的隔阂和领导公司朝正确的方向改变是我这个 CEO 的首要职责，但这一切都不可能在瞬间完成。

问：能谈一下你人生中的重要导师吗？

答：我最重要的导师就是我的前任 CEO，也就是 1989 年把我推上领导位置的那位执行副总裁，就是他告诉我领导者的职责就是谋取成功。他还告诫我要一直保持战战兢兢的心态，因为我们需要时刻督促自己上进；要尊重每一个人，因为大家都为成功做出了贡献。是他帮助我成为一位领导者，并给了我恰到好处的支持，也是他把我扔出去磨练、成长和自己做决策。他从来没替我做过什么决定，而是引导我自己思考问题，这一点非常重要。

我从他身上还学到的一点是，要有自己信得过的团队。在过去的两三年间，我一直在打造自己的团队。很幸运，我成功了，在很多事情上我的团队成员都比我聪明，他们是各自领域的专家，他们让我学会了谦卑，让我明白尽管我是CEO，但我不需要什么都会，因为他们会给我中肯的意见。我只需要在做最后的决定时拿出点魄力。

问：你比较重视员工哪方面的才能？

答：要不断地寻找新的发展思路，跳出固有思维。我要求公司里的所有人都跳出公司的范畴看问题，鼓励他们与同行沟通，学习从不同的角度看问题。

问：谈谈有关招聘的事吧，你寻找的是哪种类型的人才？

答：我希望进入我们公司的都是顶级的人才，有足够的领导能力，做决策时能够考虑他人的意见，还能顺畅调配公司各种资源。他们必须能生活在灰色世界中，在Abt几乎不存在非黑即白的东西，我们需要的就是能够适应这种状态的人才。除此之外，那些领导过团队、主持过变革的人也值得青睐，我相信他们会更愿意分享自己决策的过程而不是独断专行。所以招聘人才时我会问问他们的工作经历。

我还会关注应聘者的业余爱好。我们公司有学习的氛围，如果他们认为自己无所不知、对学习进步不抱任何兴趣，那我对他也就没什么兴趣了。

问：如果招聘时你只能问两三个问题，你会问什么？

答：我最可能问有关变化的事情。问他有没有经历过公司变革，情况是怎样。我还会问他做重大决策时的过程，他会征询哪些人的意见。因为说到底，做生意就是做决策，我想要知道他的最终决策是如何得出的。

访谈名录

1. 阿贝·雷文（Abbe Raven）
   A&E 电视网络公司 CEO
2. 阿卡迪·库尔曼（Arkadi Kuhlmann）
   荷兰国际集团网上银行（ING Direct）前 CEO
3. 阿隆·列维（Aaron Levie）
   在线数据存储企业 Box 公司联合创始人兼 CEO
4. 艾伦·特雷富勒（Alan Trefler）
   商业技术公司 Pegasystems CEO
5. 艾米·阿斯特利（Amy Astley）
   《青少年时尚》（*Teen Vogue*）杂志主编
6. 艾米·古德曼（Amy Gutmann）
   宾夕法尼亚大学校长
7. 艾米·舒尔曼（Amy Schulman）
   辉瑞公司（Pfizer）执行副总裁兼法律总顾问
8. 安东尼·詹（Tony Tjan）
   投资公司 Cue Ball CEO
9. 安德鲁·M. 汤普森（Andrew M. Thompson）
   生物医药企业普罗透斯数字医疗公司（Proteus Digital Health）CEO
10. 安德鲁·科斯雷特（Andrew Cosslett）
    洲际酒店集团（Intercontinental Hotels Group）前 CEO
11. 安迪·兰辛（Andy Lansing）
    莱维连锁餐厅（Levy Restaurants）CEO
12. 安迪·米尔斯（Andy Mills）
    美联实业有限公司（Medline Industries）总裁
13. 安吉·希克斯（Angie Hicks）
    美国点评网站 Angie's List 联合创始人兼首席营销官

14. 安妮特·卡提诺（Annette Catino）
美国医疗保险公司 QualCare 的 CEO
15. 奥里·哈多米（Ori Hadomi）
医药科技企业以色列机器人制造公司（Mazor Robotics）CEO
16. 芭芭拉·J. 克朗姆西耶克（Barbara J. Krumsiek）
卡尔弗特投资公司（Calvert Investments）CEO
17. 芭芭拉·德布奥诺（Barbara DeBuono）
慈善机构国际奥比斯组织（Orbis International）CEO
18. 包利华（Dinesh C. Paliwal）
哈曼国际工业集团（Harman International Industries）总裁兼 CEO
19. 保罗·马瑞茨（Paul Maritz）
威睿软件公司（VMware）前 CEO
20. 鲍勃·布伦南（Bob Brennan）
数据服务企业铁山公司前 CEO
21. 本·勒尔（Ben Lerer）
男性生活服务网站刺激传媒集团（Thrillist Media Group）CEO
22. 比尔·弗莱明（Bill Flemming）
瑞典斯堪斯卡建筑公司美国分公司（Skanska USA Building）总裁
23. 彼得·罗旭德（Peter Loscher）
西门子公司（Siemens）CEO
24. 布伦特·桑德斯（Brent Saunders）
博士伦公司（Bausch & Lomb）前 CEO
25. 昌西·C. 梅菲尔德（Chauncey C.Mayfield）
梅菲尔德贵族置业顾问有限公司（MayfieldGentry Realty Advisors）CEO
26. 程美真（Laura Ching）
加州南湾印刷公司（TinyPrints.com）联合创始人兼首席经营官
27. 达温·莱波雷（Dawn Lepore）
医药网（Drugstore.com）前 CEO
28. 戴维·巴格（David Barger）
捷蓝航空公司（JetBlue Airways）CEO
29. 大卫·C. 诺瓦克（David C. Novak）
百胜餐饮集团（Yum Brands）CEO
30. 大卫·洛克（David Rock）
神经领导力研究所（NeuroLeadership Institute）所长、“神经领导力之父”

31. 大卫·萨克斯（David Sacks）

商业社交网络服务商 Yammer 的创始人兼总裁、CEO

32. 黛博拉·法林顿（Deborah Farrington）

纽约风投公司 StarVest Partners 的合伙人

33. 丹·罗森斯威格（Dan Rosensweig）

美国教材租赁网站巨头 Chegg 的 CEO

34. 丹·施耐德（Dan Schneider）

SIB 发展咨询公司（SIB Development and Consulting）CEO

35. 丹尼尔·T. 亨德里克斯（Daniel T. Hendrix）

英特飞公司（Interface）CEO

36. 丹尼斯·克劳利（Dennis Crowley）

手机服务网站 Foursquare 的 CEO

37. 蒂姆·布赫（Tim Bucher）

品酒屋（TastingRoom）前 CEO

38. 多琳·洛伦佐（Doreen Lorenzo）

青蛙设计公司（Frog Design）总裁

39. 多米尼克·奥尔（Dominic Orr）

安移通网络科技公司（Aruba Networks）CEO

40. 恩里克·塞勒姆（Enrique Salem）

信息安全企业赛门铁克前 CEO

41. 菲尔·利宾（Phil Libin）

软件企业印象笔记公司（Evernote）CEO

42. 格雷戈里·B. 马菲（Gregory B. Maffei）

美国有线电视公司自由传媒集团（Liberty Media）CEO

43. 哈利·韦斯特（Harry West）

Continuum 设计咨询公司 CEO

44. 黄仁勋（Jen-Hsun Huang）

图形芯片制造商英伟达公司（Nvidia）CEO

45. 基普·廷德尔（Kip Tindell）

贮藏系统及配件的零售商容器零售连锁店（The Container Store）的创始人兼 CEO

46. 贾桂琳·诺佛葛拉兹（Jacqueline Novogratz）

非营利组织聪明人基金会（Acumen Fund）CEO

47. 贾罗德·摩西（Jarrod Moses）
联合娱乐集团（United Entertainment Group）CEO
48. 杰奥夫·武莱塔（Geoff Vuleta）
创新咨询公司华氏212公司的CEO
49. 杰夫·韦纳（Jeff Weiner）
领英公司（LinkedIn）CEO
50. 杰弗里·卡纳达（Geoffrey Canada）
非营利组织哈莱姆儿童特区（Harlem Children' s Zone）CEO
51. 杰弗瑞·卡森伯格（Jeffrey Katzenberg）
梦工厂动画公司（DreamWorks Animation）CEO
52. 杰里米·阿莱尔（Jeremy Allaire）
在线视频平台Brightcove公司CEO
53. 卡尔·巴斯（Carl Bass）
设计软件供应商欧特克公司（Autodesk）CEO
54. 卡莉尔·M. 斯特恩（Caryl M. Stern）
联合国儿童基金会（UNICEF）美国分会CEO
55. 凯尔·齐默（Kyle Zimmer）
非营利组织First Book的CEO
56. 凯伦·梅（Karen May）
谷歌公司人力开发副总裁
57. 凯茜·蔡（Cathy Choi）
灯具制造及销售公司Bulbrite总裁
58. 凯瑟琳·弗拉纳根（Kathleen Flanagan）
Abt联合咨询公司（Abt Associates）CEO
59. 凯瑟琳·海斯（Katherine Hays）
科技公司GenArts的CEO
60. 凯瑟琳·温德（Catherine Winder）
动画制片厂造雨人娱乐公司（Rainmaker Entertainment）前总裁
61. 凯文·沙雷尔（Kevin Sharer）
医药企业安进公司（Amgen）前CEO
62. 凯茜·萨维特（Kathy Savitt）
电子商务网站Lockerz前CEO
63. 克莉丝汀·弗卢爱西特（Christine Fruechte）
广告代理商Colle+McVoy的CEO

64. 克里斯·巴尔宾（Chris Barbin）
Appirio 云计算公司 CEO
65. 克里斯·达根（Kris Duggan）
游戏化服务开发公司 Badgeville 首席战略官
66. 克里斯·康宁汉（Chris Cunningham）
社交网络营销公司 Appssavvy CEO
67. 克里斯托弗·J. 纳塞塔（Christopher J. Nassetta）
希尔顿全球酒店集团（Hilton Worldwide）CEO
68. 肯·里斯（Ken Rees）
金融产品开发商 Think Finance 公司 CEO
69. 肯尼思·费尔德（Kenneth Feld）
费尔德娱乐公司（Feld Entertainment）CEO
70. 拉里·佩奇（Larry Page）
谷歌公司的创始人
71. 拉塞尔·戈德史密（Russell Goldsmith）
美国城市国家银行洛杉矶分行（City National Bank in Los Angeles）CEO
72. 拉斯·比约克（Lars Bjork）
商业智能公司 QlikTech 的 CEO
73. 拉斯洛·博克（Laszlo Bock）
谷歌公司人力运营高级副总裁
74. 劳拉·耶西斯（Laura Yecies）
云存储服务商 SugarSync 公司前 CEO
75. 劳雷尔·J. 里奇（Laurel J. Richie）
美国女子篮球职业联赛（WNBA）总裁
76. 莉莉·坎特（Lily Kanter）
家具公司赛琳娜和莉莉公司（Serena & Lily）的联合创始人
77. 莉兹·埃尔廷（Liz Elting）
创博翻译公司（TransPerfect）联合 CEO
78. 理查德·D. 费恩（Richard D. Fain）
皇家加勒比游轮公司（Royal Caribbean Cruises）CEO
79. 林恩·布罗杰特（Lynn Blodgett）
联盟计算机服务公司（ACS）CEO
80. 琳达·劳塞尔·布莱恩特（Linda Lausell Bryant）
非营利组织英伍德豪斯公司（Inwood House）执行董事

81. 琳达・希斯利（Linda Heasley）

服饰公司 LTD（The Limited）前 CEO

82. 卢绮霞（Selina Lo）

美国优科无线公司（Ruckus Wireless）CEO

83. 罗宾・多明尼康尼（Robin Domeniconi）

法国时尚杂志 *ELLE* 前首席品牌官

84. 罗伯特・J. 默里（Robert J. Murray）

数字效果营销品牌安布思沛公司（iProspect）CEO

85. 罗伯特・L. 约翰逊（Robert L. Johnson）

罗勒约投资公司（RLJ Companies）总裁

86. 罗伯特・洛卡希欧（Robert LoCascio）

在线聊天技术供应商 LivePerson 公司 CEO

87. 罗米尔・巴尔（Romil Bahl）

数据搜集和审计公司 PRGX CEO

88. 罗纳德・M. 沙伊克（Ronald M. Shaich）

帕拉纳面包连锁餐厅（Panera Bread）董事长兼联席 CEO

89. 马克・邓普顿（Mark Templeton）

思杰系统公司（Citrix）CEO

90. 马克・福勒（Mark Fuller）

水景设计公司（WET Design）CEO

91. 马克・古兹（Mark Gumz）

奥林巴斯分美国公司（Olympus Corporation of the Americas）前 CEO

92. 马库斯・鲁（Marcus Ryu）

保险业软件开发商 Guidewire 的 CEO

93. 马利欧・巴塔利（Mario Batali）

美国最著名的意大利餐厅 Babbo 的主厨，全球知名大厨

94. 马乔里・卡普兰（Marjorie Kaplan）

动物星球频道（Animal Planet and Science cable networks）总裁

95. 玛莎・S. 塞缪尔森（Martha S. Samuelson）

安诺析思国际咨询公司（Analysis Group）CEO

96. 迈克・希恩（Mike Sheehan）

希尔・霍利迪广告公司（Hill Holliday）CEO

97. 迈克尔・马蒂厄（Michael Mathieu）

网络视频广告商 YuMe 公司前 CEO

98. 麦克・莱伯维茨（Michael Lebowitz）
数码行销公司大太空船（Big Spaceship）CEO
99. 南希・奥赛（Nancy Aossey）
国际医疗队（International Medical Corps）CEO
100. 妮基・利昂达基斯（Niki Leondakis）
金普顿酒店集团（Kimpton Hotels and Restaurants）总裁兼首席运营官
101. 尼拉杰・沙赫（Niraj Shah）
家具电商 Wayfair.com 公司 CEO
102. 欧文・D. 西蒙（Irwin D. Simon）
有机食品公司海恩时富集团（Hain Celestial Group）CEO
103. 帕梅拉・菲尔兹（Pamela Fields）
斯泰特森衣帽公司（Stetson）CEO
104. 乔尔・巴比特（Joel Babbit）
美国环境新闻网站自然母亲网站（Mother Nature Network）CEO
105. 瑞安・史密斯（Ryan Smith）
商业数据分析软件商 Qualtrics 公司 CEO
106. 塞斯・贝斯梅特尼克（Seth Besmertnik）
搜索引擎科技公司 Conductor 公司联合创始人兼 CEO
107. 施温・S. 苏布马尼（Shivan S. Subramaniam）
国际商业和保险公司 FM Global 的 CEO
108. 史蒂夫・凯斯（Steve Case）
美国在线公司（AOL）联合创始人、投资公司 Revolution 的 CEO
109. 史蒂夫・斯托特（Steve Stoute）
广告公司 Translation 的 CEO，都市美容品牌 Carol's Daughter 总裁
110. 斯蒂芬・萨多夫（Stephen I. Sadove）
萨克斯百货公司（Saks department stores）CEO
111. 苏珊・克雷德尔（Susan Credle）
美国李奥贝纳广告公司（Leo Burnett USA）首席创意官
112. 苏珊・莱恩（Susan Lyne）
在线零售商吉尔特集团（Gilt Groupe）副总裁
113. 特蕾西・多尔金（Tracy Dolgin）
美国 YES Network 电视频道 CEO
114. 特蕾西・马图拉（Tracey Matura）
梅赛德斯－奔驰美国公司 Smart 品牌总经理

115. 特蕾西·斯特雷肯巴赫（Tracy Streckenbach）

山景咨询（Hillview Consulting）CEO

116. 特里·莱希（Terry Leahy）

乐购集团（Tesco）前 CEO

117. 特里·铁曾（Terry Tietzen）

客户忠诚度软件开发公司 Edatanetworks 的 CEO

118. 卫赫士（Jim Whitehurst）

开源解决方案供应商红帽公司（Red Hat）CEO

119. 威尔·莱特（Will Wright）

模拟人生（The Sims）系列游戏创始人

120. 威廉·D. 格林（William D. Green）

埃森哲公司（Accenture）前总裁兼 CEO

121. 维多利亚·兰瑟姆（Victoria Ransom）

社交媒体营销软件企业野火公司（Wildfire）CEO

122. 维尼特·纳亚尔（Vineet Nayar）

印度第四大软件服务供应商 HCL 科技公司 CEO

123. 希拉·里利奥·马塞洛（Sheila Lirio Marcelo）

看护服务提供商 Care.com 的 CEO

124. 夏洛特·比尔斯（Charlotte Beers）

奥美集团（Ogilvy & Mather）前 CEO

125. 小理查德·R. 布里（Richard R. Buery Jr.）

儿童救助协会（Children's Aid Society）CEO

126. 肖恩·H. 威尔逊（Shawn H. Wilson）

亚瑟新风采基金会（Usher's New Look Foundation）总裁

127. 谢家华（Tony Hsieh）

全球最大的 B2C 网络鞋店美捷步（Zappos）的 CEO

128. 谢莱·阿尔尚博（Shellye Archambeau）

科技公司 MetricStream CEO

129. 伊瓦尔·克罗格鲁德（Ivar Kroghrud）

咨询公司 QuestBack 联合创始人

130. 依莲·戈登（Ilene Gordon）

全球食品行业原料供应商宜瑞安公司（Ingredion）CEO

131. 约翰·达菲（John Duffy）

移动软件开发商 3Cinteractive 公司 CEO

132. 约翰·多纳霍（John Donahoe）

国际贸易电子商务平台 eBay 的 CEO

133. 约翰·多诺万（John Donovan）

美国电信公司 AT&T 首席技术官

134. 约翰·里奇蒂耶洛（John Riccitiello）

美国艺电公司（Electronic Arts）前 CEO

135. 约翰·诺丁汉（John Nottingham）和约翰·斯佩克（John Spirk）

诺丁汉—斯佩克咨询公司（Nottingham Spirk）联席总裁

136. 约瑟夫·希门尼斯江慕忠（Joseph Jimenez）

瑞士诺华集团（Novartis）CEO

137. 珍·古兹曼（Jen Guzman）

斯特拉宠物食品公司（Stella & Chewy's）CEO

138. 珍妮·明（Jenny Ming）

老海军（Old Navy）总裁

139. 朱莉·格林瓦尔德（Julie Greenwald）

大西洋唱片集团（Atlantic Records Group）首席运营官

“iHappy书友会”会员申请表

姓　名（以身份证为准）：__________ 性　别：__________

年　龄：__________ 职　业：__________

手机号码：__________ E-mail：__________

邮寄地址：__________ 邮政编码：__________

微信账号：__________（选填）

请严格按上述格式将相关信息发邮件至中资海派“iHappy 书友会”会员服务部。

邮　箱：zzhpHYFW@126.com

微信联系方式：请扫描二维码或查找 zzhpszpublishing 关注“中资海派图书”

<table>
<tr><td rowspan="9">优惠订购</td><td colspan="2">订 阅 人</td><td></td><td>部　门</td><td></td><td>单位名称</td><td colspan="2"></td></tr>
<tr><td colspan="2">地　　址</td><td colspan="6"></td></tr>
<tr><td colspan="2">电　　话</td><td colspan="3"></td><td>传　真</td><td colspan="2"></td></tr>
<tr><td colspan="2">电子邮箱</td><td colspan="2"></td><td>公司网址</td><td></td><td>邮　编</td><td></td></tr>
<tr><td>订购书目</td><td colspan="7"></td></tr>
<tr><td rowspan="2">付款方式</td><td>邮局汇款</td><td colspan="6">中资海派商务管理（深圳）有限公司
中国深圳银湖路中国脑库 A 栋四楼　　邮编：518029</td></tr>
<tr><td>银行电汇或转账</td><td colspan="6">户　名：中资海派商务管理（深圳）有限公司
开户行：招行深圳科苑支行
账　号：81 5781 4257 1000 1
交通银行卡户名：桂林　　卡　号：622260 1310006 765820</td></tr>
<tr><td>附注</td><td colspan="7">1. 请将订阅单连同汇款单影印件传真或邮寄，以凭办理。
2. 订阅单请用正楷填写清楚，以便以最快方式送达。
3. 咨询热线：0755-25970306 转 158、168　　传　真：0755-25970309 转 825
E-mail: szmiss@126.com</td></tr>
</table>

→利用本订购单订购一律享受九折特价优惠。

→团购 30 本以上八五折优惠。